男の品位

Dignity of a Man

安藤昇

青志社

男の品位　目次

第一章　男の値打ち

第二章　男の損得

第三章　男の信義

第四章　男の気位

第五章　男の一言

第一章　男の値打ち

女は「やさしい男」とは
生きぬけない

男の顔は人生の風雪で磨け。美容整形に品位はあるや

「男の顔の値打ち」を知っているか

美人とそうでない女。

どっちと寝たいかと問われれば、誰だって「美人のほうがいい」と答えるだろう。

俺だって、迷わず美人のほうを口説く。

だけど容姿は生まれついてのもので、努力だけで形を変えることはできない。いくら鼻を引っ張ってみても、低いものは高くはならないし、いくら目を見開いても、小さい目は決してパッチリ目にはならない。神様も罪なもので、容姿と人間的な優劣は何ら関係しないにもかかわらず、美人は得をする。

「顔は女の命」と言うけれど、美人であるかないかで、女の人生を大きく左右する。

もちろん容姿がすべてではないが、美人が得をするのは確かである。

だけど、顔にまつわる言葉となると、男のものが圧倒的に多い。
「顔がきく」
「顔を立てる」
「顔をつぶす」
「いい顔になる」

男の場合、顔を引合いに出す言葉には緊張感がある。顔をつぶされた男は、オトシマエをどうつけるかで貫目《かんめ》が問われる。ヤクザならハジキをフトコロに走るだろうし、サラリーマンであれば商談や出世で見返そうと奮起するだろう。「顔」にこだわり、「顔」で生きているのは、実は男なのだ。

その男の顔が、美容整形のお得意になっているという。美容整形を訪れる客の三割から四割は若い男だとも仄聞《そくぶん》する。男性の美容成形はまだまだ客の開拓が見込まれ、これから急成長の分野として、美容整形医の鼻息は荒いそうだ。

「見てくださいよ」

と旧知のスポーツ新聞記者が美容整形のパンフレットを見せてくれたが、顔の輪郭から頬骨、顎、鼻、脂肪吸引、脱毛、そして男性器……と、まるで顔のリフォームメニューだ。

自分の顔だから、他人がとやかく言うことじゃない。煮て食おうと焼いて食おうと勝手にすればいい。男性用化粧品や顔面パックが飛ぶように売れる時代であることを思えば、男の整形美容にいちいち目くじらを立てるほうが古いのかもしれない。

だが、男の美容整形ブームの背景を思いやると、事はそう単純ではないようにも思えてくるのだ。

リフォームした男の顔は「味」がない

かつて男は、容姿や美容のことを口にするのは恥ずかしいことで、バンカラを尊ぶ風潮があった。奇を衒《てら》ったこともあるだろうし、バンカラがいいのか悪いのかはわからないが、「男たる者、外見にこだわるのは軟弱の証拠である」とする考え方が根本にあった。

ひらたく言えば、

「チャラチャラしていて、大事がなせるか」

ということになるわけだけど、これは男が家族を養う一家の大黒柱であったことと関係していると、俺は思っている。

つまり「男が女を選ぶ」ということだ。いまどき、そんなことを言うと囂々《ごうごう》たる非難だろうが、是非を超え、そういう時代を生きてきた。

これは歴史的事実。

だから女は化粧をし、肌に磨きをかけ、着飾り、美しくあろうと努力した。「料理上手は床上手」とか「悪妻は百年の不作」「女房と牛は三日目にどつけ」といったことわざで、〝女選び〟の心構えを説いた。

反対に、女を選ぶ立場にある男は、容姿は二の次で、地位、名誉、財力、人格といった人間力が勝負とされた。だから、外見ばかりカッコつける男を揶揄して、「色男、金と力はなかりけり」なんてことわざが生まれた。

ところが、男女同権が叫ばれるようになって、男女の関係が変わってきた。女の力が強くなるにしたがい、相対的に男の力が弱くなっていく。男に選ばれる立場であったはずの女が、男と同等に選ぶ立場になったのである。

となれば、男も化粧をし、肌に磨きをかけ、着飾り、美しくあろうと努力するのは時代の流れということになるだろう。「女房と牛は三日目にどつけ」なんてエラそうにしていれば、たちまち愛想をつかされる。実際、手を上げれば、〝家庭内暴力〟として女房に訴えられる時代になった。

こう考えていくと、男の美容整形ブームも自然の成り行きということになるのだろう。だから好きにすればいいし、目もとパッチリにして女に選んでもらえるのであれば、二重などとケチなこと言わないで、三重、五重と段々畑のようにすればいいだろう。鼻筋が通って高いのがよければ、いっそのことピノキオのようにすればいい。

だけど、それで本当に女にモテるのだろうか?

戦前の教育勅語に「身《しん》・体《たい》・髪《はっ》・膚《ぷ》、之《これ》を父母《ふぼ》に受《う》く、敢《あ》えて毀傷《きしょう》せざるは孝《こう》の始《はじめ》なり」というのがある。自分の身体は祖先からずっと受け継がれてきたものであり、そういう大事な身体だからこそ傷つけてはならない——という意味だ。

そのとおりだと思う。

鼻が低いから手術で高くしよう、目が小さいからパッチリさせようという発想は安易に過ぎると思う。人生は〝手持ちの札〟で勝負するしかないということを考えれば、生まれ授かった身体に磨きをかけ、それで勝負していくべきではないだろうか。

不条理という人生の風雪のなかを、ひたむきに生きていけば、おのずと男の顔は磨かれていく。彫刻や粘土細工ではあるまいし、リフォームした顔に〝男の味〟はないと俺は思うのだ。

強さを内に秘めて
やさしく振る舞うことを粋という。
「男の品位」のことだ

「セックスカ」の減退を測る

「草食系男子」に「セックスレス夫婦」――。雑誌をめくると、そんな惹句《じゃっく》がやたらと目につく。中年以降の夫婦ともなればご無沙汰するのもわからないではないが、若者の「草食男子」というのはちょぃと理解に苦しむ。まして、成人男子の半数近くが童貞と聞けば、唖然だ。

俺など――と自慢げに書くのはいささか気が引けるのだが――女遊びは十代のころからやってきた。いい女とみれば即、口説く。〝深窓の令嬢〟をアイススケート場でナンパしてトイレの個室でやったこともあれば、女二人をナンパして〝鶯《うぐいす》の谷渡り〟もした。

朝まで頑張って外に出たとき、太陽のまぶしさに頭がクラクラしたこともある。十代の〝勃起盛り〟のころは、ハレムをつくってオットセイになりたいと思ったほどで、いま思えば「肉食系」の最たるものだった。

ところが、草食系男子はナンパもせず、女と知り合っても「やらせろ」と迫りもしないという。「やらせろ」どころか、女がソノ気になって鼻を鳴らしていても、手の一つも握らないとか。これじゃ、日本が少子化になるのも当然だ。少子化対策は百の議論より、政府が音頭をとって「頑張ってセックスしよう！」という〝国民セックス運動〟を起こしたほうがはるかに効果があるだろうと、言いたくもなってくる。

じゃ、どうして草食系男子が増えてきたのか。

そんなことは俺が考えることじゃないし、考えたこともないけど、先日、某雑誌から草食系についてコメントを求められたので、その場で思いつくまましゃべった。

一つには、セックスがオープンになり過ぎたこと。隠すから興味が沸くのであって、インターネットで見放題ということになれば、セックスに対する興味も興奮も次第に失せていくだろう。当たり前だ。

もう一つは、不景気と言いながら、日本は経済的に豊かで恵まれていること。衣食足りて飢餓感がないから、セックスという本能的営みのポテンシャルが落ちていることなどを話したのだが、記者が帰ってから、ふとあることに気づいた。

セックスという〝本能的営み〟が弱くなってきたということは、生命力の衰退を意味するのではないかと思ったのである。

生き抜く力を育む知恵

セックス——つまり生殖行為というやつは「種の保存」という本能だ。

鮭は傷つきながら川の浅瀬を遡上《そじょう》し、産卵・放精を終えると数日で死んでいくことは、よく知られている。コオロギだって、出産前はメスはオスを食べて栄養をつけ、出産を終えると死んでいく。地球上のすべての生き物は、種を保存するために生き、死んでいくんだ。これを生命力と言う。

ついでながら、先ごろ男性タレントが親子関係をめぐって提訴し、「親子関係なし」なんて判決が出て世間を賑わせたけど、彼に限らず、男が「自分の子」であるかどうかにこだわるのは、〝種の保存〟という本能に根ざした感情かもしれないと思ったりもしたものだ。

そんなことをつらつら考えると、「やらせろ」と迫らない草食系男子は、〃種の保存〃という本能——つまり、生命力が弱くなっているということになる。猛獣だろうが昆虫だろうが、メスとイッパツやるためにオスは命を懸けて戦うというのに、人間の草食系ときたら、女が鼻を鳴らしていてもパンツも下ろさない。もったいない話じゃないか。

「女にタネを播《ま》く」という男の生命力が弱くなったのは、一説には乳幼児の死亡率の低下に一因があると言われている。俺には学問的なことはよくわからないが、医学の発達によって、これまで病気で亡くなっていた乳幼児の命が助かるようになった。それは素晴らしいことだが、視点を変えて見れば、そのぶんだけ人間総体としての「生命力」は弱くなったと言えるかもしれない。明治、大正、そして昭和ヒトケタ世代は生命力が強いと言われるが、日本が経済的に貧しく、医学的にも貧困の時代を生き抜いてきたことと「生命力」は無関係ではないように思うのである。

こんなたとえが適切かどうかわからないが、猫も杓子も大学に行くようになるにつれて、学生の質が落ちてきたと言われる。それと同じかもしれないな。実際、明治、大正、そして昭和ヒトケタ世代は生命力が強いようだ。日本が経済的に貧しく、医学的にも貧困の時代を生き抜いてきたことと無関係ではあるまい。

女は「やさしい男」とは生き抜けない

女性に「理想の男性像」を問うと、そこそこの経済力を前提として、「やさしい人」「包容力のある人」「私を大事にしてくれる人」——といったことがアンケートの上位に並ぶのだそうだ。

昔は「男らしい人」が人気だったように思うのだが、「男らしい」という肉食系はアンケートの下位をウロウロしていて順位にも入らないのだと、ワイドショーでやっていた。となれば、若者が草食系になっていくのは当然だ。草食系になれば生命力は低下し、セックスの意欲も減退。「やらせろ」と迫る気魄《きはく》もなくなり、さらに草食系へと傾いていくということになる。

これが反対に、女性が理想とする男性像として「すぐ、やらせろと迫る人」「暴力で犯す人」という肉食系をあげれば、若者は肉食系になっていくことだろう。よくも悪くも、男は女によって変わっていくんだ。

女が男にやさしさを求めるのは、日本が平和だからだ。シリアやイラクなどを引き合いに出すまでもなく、治安の悪い国では、「やさしい男」とくっついていたのでは生き抜いてはいけない。だから「強い男」「生命力に富んだ男」を求めるし、男も強くあろうとするわけだけど、実は平和な国においても「生活」という戦いがある。女は理想の男性として「やさしさ」をあげながら、生活力のない男には愛想をつかす。いくらやさしくても、生命力に富んだ逞しさがなければ、女に相手にされないということ。

周囲を見渡してみればわかるように、女は「生活力」のある男を選ぶ。自分のために闘ってくれ、自分を守ってくれる男に惚れる。これは原始の時代からメスの体内に宿るＤＮＡというやつなんだろうと思う。このことを知れば、ただやさしいだけの草食系は、男として報われることの少ない人生になるであろうと、これは俺の勝手な思いなのである。

アメリカが恐れた日本の家長制度

草食系男子が結婚にこぎつけ、パパになれば、たいていイクメンになるようだ。

イクメンが悪いとはもちろん言わないし、夫婦が協力して家庭を築くことに対して、第三者がとやかく言うべきことではない。それを承知しながらも、亭主がエプロンをして台所に立ち、洗濯をし、掃除機をかけ、赤ちゃんのおしめを替えたりすることを微笑ましいと見るか、「一家の長」の不在と見るかは人それぞれだろうが、戦前の日本にあった「家長制度」と重ね合わせると、また違った一面が見えてくる。

家長制度をひとことで言うと、家を継ぐのは長男一人ということだ。だから次男以下は家を出て自活する。本家と分家というやつだ。親父を頂点にして長男、次男、三男……と家族の序列が決まっていて、カミさんなど家政婦なみの立場だった。いまでも「家を継ぐ」という言い方をするけど、これは家長制度の名残だ。

若い人は知らないと思うけど、家長制度は戦後、戦勝国アメリカの占領政策によって廃止されてしまった。狙いは序列社会を崩壊させること。最小単位たる「一家」の長を父親として、最大単位たる「一国」の長を天皇陛下とする日本のピラミッド構造を破壊しようとした。家長制度こそ、占領軍の最高指令官であるマッカーサー元帥がもっとも恐れたと言われる。

サルの群れを持ち出すまでもなく、統率力のある優秀なボスに率いられる群れは安全で豊かな生活を送っている。反対に、弱いボスの下では内紛が絶えず、群れは常にゴタゴタしている。そして、ボスのいない集団は単なる烏合の衆だ。民主主義も結構だし、男女平等もいいと思う。イクメンだって構わない。だけど「家長」のいなくなったいまの日本の家庭は、ややもすると烏合の衆の集まりになってしまうのではないかと思うのは、俺だけだろうか。

古来より、「気はやさしくて力持ち」を男の鑑《かがみ》とした。「やさしさ」と「力持ち」を併せ持っているところがポイントで、草食系男子もイクメンも、やさしくはあるが「力持ち」に欠けてはいないだろうかと、口はばったくも思ったりするのだ。

女は「やらせろ」の一語で口説け

自分を率直にさらけだす「度胸」を身につける

女を口説くことに「品位」はない。

だけど「口説き方」ということになれば、いささか品位が関わってくると思っている。暴力で迫るのは論外としても、札ビラで頬を張ったり、おいしい話で釣ったりするのもいただけない。金やおいしい話に転ぶのは女の勝手だから、それに対してとやかく言うつもりはないが、「男の品位」ということからすれば、あまり誉められたことじゃない。なぜなら、女が転ぶのは損得勘定であって、相手に惹かれたわけではないからだ。

明治時代を代表する小説に、尾崎紅葉の『金色夜叉』がある。主人公・間貫一青年の許婚であるお宮が、結婚を間近にして、高利貸しにして富豪の富山唯継《ただつぐ》のところへ嫁いでしまう。これに貫一は怒り、悲嘆に暮れ、復讐のため高利貸しになる――というストーリーだ。

熱海の海岸で、貫一がお宮を高下駄で蹴り飛ばし、

「来年の今月今夜のこの月を。僕の涙で曇らせてみせる」

という有名なセリフが〝流行語〟になり、「熱海＝金色夜叉」のイメージが定着するほどの人気小説だった。

もし、高利貸しの富山唯継とお宮が純粋に惹かれあっていたのであれば、三角関係の悲恋として富山にもファンがついたことだろうが、札ビラでお宮をモノにしたという、その一点で、読者から蛇蝎《じゃかつ》のように嫌われてしまう。

女を口説くことに品位はないが、「口説き方」において品位が問われるとは、こういうことを言う。

では、品位を損ねない口説き方とは、どういったものか。

それは「正味の自分」をさらけ出すこと。もっと言えば、さらけ出す度胸があるかどうかだ。女をモノにしようとして、ウソを言ったり、おべんちゃらを言ったり、自分を飾ろうとして背伸びしたりする気持ちはわからないでもないが、そんな程度の男に引っかかるのはオツムの軽いネエちゃんくらいで、本当にいい女は相手にもして

くれないだろう。

ぶざまであろうとも、自分を率直にさらけ出すだけの度胸さえあれば、たとえその場では人に笑われても、結果として女の気持ちをゆさぶるものだ。女を脱がしたかったら、まず自分から〝心のパンツ〟を脱ぐことが大事になってくる。

じゃ、具体的にどうやって口説くか。

「俺と一回やらせてくれ」

セリフは、この一言でいい。

下品だと言うようでは、人生修行が足りない。男が女にやらせてくれと言うのは、女に対する最大の讃辞なのだ。

「あなたは美しくて素晴らしい女性だ。男として生まれたからには、ぜひともあなたのような素敵な女性と一夜をともにしてみたい」

という気持ちを、美辞麗句を省き、ストレートに言っているに過ぎない。

男と女は一回限りの真剣勝負。どうしてもその女をものにしたければ、下手な小細工はしないで、気持ちをストレートに伝えればいい。ムチャなことを言っているように思うかもしれないが、「やらせてくれ」は、女に対する最善の口説き文句であり、ウソ偽りのない男の心情がにじんでいると俺は思う。背伸びして取り繕《つくろ》った言葉より、強く女の心を打つはずだ。

乾坤《けんこん》一擲《いってき》の口説き文句に対して、「失礼ね」と言うのは、男の気持ちをわかろうとしない女のほうが悪い――と思うくらいの気概を込めて口説けば、たいてい何とかなる。

運が人生を決める

海軍飛行予科練習生――これが「予科練」の正式名称で、海軍兵学校と並んで若者のあこがれの的だった。

いまは初老の親父が酔って歌っているけど、「若い血潮の」と歌う西条八十が作詞の『若鷲の歌』に軍国少年は胸を熱くしながら、「いずれ俺も」と勇姿を思い描いたものだ。

それだけに予科練の選抜試験は難関だったけど、少年院帰りの俺が合格したのだから、運もよかったということになるのだろう。

当時のことを補足しておけば、県立の名門と言われた川崎中学を振り出しに、退学と編入の繰り返しであちこちの学校を転々とする。当時、ワルが集まっていた京王商業は編入三カ月で退学させられ、「安藤は学校はじまって以来のワルだ」と校長が唇を震わせたことを覚えている。そのあと「不良学生の終着駅」と言われた旧制智山中学へ編入するが、ここでもすぐに暴力事件を起こして淀橋署に逮捕され、智山中学はクビ。多摩少年院に送られる。

そんな俺が、一念発起。少年院を出院後の昭和十七年暮れに予科練を受験し、第二十一期生に合格。不良ではあったが、愛国心は人一倍強かったように思う。

(よし！　今度は立派な軍人になって、お国のために手柄を立ててやろう。そして、見事に散って、いままでの汚名を返上するんだ)

本気でそう思ったものだ。予科練の合格通知を手に、氏神である東大久保の西向天神に手を合わせて誓ったことを覚えている。

女を口説くとき、その言葉にウソがあったらダメだ

そして年が改まり、入隊を一カ月後に控えた二月初めのことだった。

いよいよお国のために一命を捧げるのかと思うと、胸の高鳴りを覚える一方、

（これからは女と無縁の生活だ。それに、どうせ生きては帰れまい）

という思いが頭をもたげてきた。

（だったらいまのうちに女と……）

愛国少年といえども現実を前にして、別の血が騒ぎはじめたのである。

それまで、女とは、さんざんやってきたから。女気なしになるのかと思うと、じっとしてはいられなくなって、すぐさま新宿へ出かけた。

どんな女でもいい――とまでは言わないけど、並の器量であれば片っ端から声をかけた。女の好みにうるさい俺だけど、入隊は三月一日だから、娑婆《しゃば》にいられるのは、あと二十八日しかない。

日本が国家の非常時なら、俺はセックスの非常時だった。

「どこ行くの？」

「買い物？」

「お茶でも飲まない？」

バンバン声をかけ、ちょっとでも反応があったら即、喫茶店に連れて行って、バカ話で笑わせ、気分をほぐしておいてから、

「ねえ、やらしてよ」

ズバリとお願いする。

大和撫子と呼ばれ、貞操観念がしっかりしていたはずの当時ですら、「やらせてよ」の一言で、たいてい話はついた。深窓の令嬢も、上流階級の若奥さんも、インテリ女史も所詮、女は女。男と同様、スケベであることに変わりはなく、波長が合えばやらせてくれるのだ。

当時は、ラブホテルなどという気のきいたものはなかったから、もっぱら青カンで、金はかからない。お茶代に五十銭か、せいぜい一円もあればじゅうぶんだから、片っ端から口説きまくった。二月一日から二十八日まで、「愛国少年」は日替わりで二十八人の女とやりまくった。「やらせてくれ」は、まさに最高にして最善の口説き文句というわけだ。

女を口説くとき、言葉にウソがあったらうまくいかない。口先だけの言葉は、すぐに馬脚を現す。しかし「一回やらせてくれ」という気持ちにウソ偽りはまったくない。だから、確実に女の気持ちを打つと、経験から断言しておきたい。

だけど、この簡単な一語がなかなか言えない。断わられたときの痛手も大きい。だから、美辞麗句を連ねて理屈をこねまわすことになる。本心を隠さず、堂々と、真剣に言葉をぶつけていく度胸があるかないか、女を相手に試してみるのも悪くないと思うのだ。

女に対して、少し高飛車に出よ。ご機嫌を取れば〝腐れ縁〟となる

良識や建て前の逆を生きる

「品位」の意味を辞書で引くと、《人に自然と備わっている、心の高さ》とある。ニュアンスはわかるが、いざ具体的に説明すると、これが難しい。「品位」と「道徳」は同じではないし、その意味するところも単純ではない。

たとえば、人を殺めるのは道徳的にも法律的にも悪いことであることは言うまでもない。だけど、大義のため、死を賭して決行することは称賛される。英雄にだってなるだろう。平時においては一人でも殺せば殺人罪だが、戦争での戦果には勲章を授与される。そう考えていくと、「男の品位」は行為そのものでなく、背景にある精神的な意味合いにおいて決まるものと言っていいだろう。

大上段に振りかざしたあとで女の話をするのは、いささか気が引けないでもない

が、浮気についても同じことが言える。道徳的には浮気は「悪」とされるが、男の生き方として見た場合は「甲斐性」となる。浮気願望は誰にだってあるにもかかわらず、これを不道徳とするのは、一夫一婦制という社会の枠組みにおける〝良識〟というやつに過ぎないということになる。

となれば、良識や建て前なんて無視。浮気したければすればいいし、口説きたければ口説けばいい。人間なんて、この大宇宙のなかではウィルスよりも小さな存在だ。そんなちっぽけな存在が、浮気するとかしないとか、そんな些細なことにこだわって何の意味があるんだろうと、俺のようなワガママな男は思う。

ただし、女をめぐるトラブルはいただけない。浮気や女遊びを「男の甲斐性」とするのは、人間関係が垢抜けているからだ。これがドロドロした関係になれば話は別で、笑われるだけ。品位も何もあったもんじゃない。そして、浮気をめぐるトラブルの多くが、女のヤキモチに端を発していることから考えれば、品位をもった浮気とは、いかに女にヤキモチを焼かせないかということになる。

男が浮気に走るのは、

（おっ、いい女）

という思いから始まる。

これが「やってみたい」になって口説きにかかるわけだけど、イッパツだけやって別れるというケースは稀で、スケベ心から二度、三度と関係を続けるうちに、

「こんな関係、いつまで続けるの」

といったことを、女は口にし始める。

妻子持ちの男が相手であれば、妻に対する嫉妬と対抗心から、

「私と奥さんと、どっちがいいの」

と迫りたくなる。

男が独身であれば、プライドから、

「私のこと、本気で思ってくれているの」

と、結婚をチラつかせて問い詰めたくなる。

これが女の心理だ。

問題は、これに男はどう答えるか。

「ゴメン。実を言うと、やりたかっただけなんだ」

「セックスフレンドでいようぜ」

と、ホンネを口にする男は少なく、

「女房とは別れるつもりだ」

「結婚したいと思っている」

と、ついリップサービスをしてしまう。

これがよくない。

女は本気になる。少なくとも男に対する思い入れは強くなる。当然、ヤキモチも焼くようになり、これが男を縛り、腐れ縁となっていく。

「女がヤキモチをやくなんて、ホレてる証拠じゃないか」

とノンキなことを言う男がいるが、それは女の嫉妬の恐さを知らないからだ。嫉妬は蜘蛛の糸のように絡みつき、男の人生を奪っていく。腐れ縁は「鎖縁《くさりえん》」とも言って、男をがんじがらめに縛りつけ、身動きをとれなくしてしまう。それほどに女のヤキモチは恐いのである。

女の選び方で生き方が変わる

明治の元勲は気骨があり、信念を貫いた。だから、後の項で記すように暗殺もされた。そういう意味でもスケールが大きく、いまの政治家たちとくらべて「男の格」がちがう。

その元勲たちのカミさんに芸者が少なくない。芸者というのは、男の心理と世間の表裏に精通しているから、旦那の浮気に寛容だ。浮気されて嬉しくはないだろうけど、「男はそんなものだ」とあきらめる術《すべ》を知っているということ。だからカミさんのつまらない嫉妬から免れ、天下国家のため政治に没頭することができる。政治家に限らず、女房の思惑をいちいち気にしていたら、大きな仕事などできるものではない。

歌舞伎役者も、最近は女優やフツーの女を嫁さんにするようになったけど、昔は祇園の芸妓を娶《めと》ったりしている。歌舞伎の世界は、立居ふるまいから贔屓筋のあつかいに至るまで、因習や掟の厳しい世界だから、シロウト娘を嫁にしたのでは一から教育しなければならない。その点、祇園の芸妓は厳しくしつけられている。亭主の浮気だって、〝芸のこやし〟くらいに考えるから、嫉妬による夫婦ゲンカもなく、芸事に没頭できるというわけだ。

ついでながら、ヤクザも同様だ。男伊達の世界に生きる者が、カミさんにいちいちつまらないヤキモチやかれたのでは稼業が成り立たない。カミさんに限らず、女の焼きもちは確実に男の足を引っ張るのだ。

大きな声で言えることではないが、その昔、知人の接待で川崎のソープランドへ行ったときのことだ。浮き世の義理というやつでつき合ったのだが、店にどういう手違いがあったのか、靴を間違えて帰ったことがある。そのとき、俺は一緒に暮らしていた女にそれを取り替えに行かせた。

そのことを接待してくれた知人に茶飲み話で話すと、

「彼女、よくそこまでやってくれますね」

と、びっくりしていたが、ちゃんと教育してあれば、女はおとなしく従うものだ。

一晩かぎりの女は別にして、つきあってみようかという女に対しては、寝る前に必ずこう言ってきた。

「ヤキモチやいたら、すぐ別れるぞ」

それが条件なのだ。きれいごとを並べて女の歓心を買っておきながら、あとで豹変するよりも、このほうが誠意があり、女にとっても親切だと思っている。

「そんなのイヤ」

と女が言ったら、それまでだ。縁がなかったと思って、一夜を共にすることなくサヨナラする。女に対しては、少し高飛車に出るくらいでちょうどいいのだ。

男も、女もヤキモチからは何も生まれない

これまで一緒に住んだ女は、数えるのも面倒なほどだ。「人生、常ならず」と気取るわけじゃないが、どんな女と出会っても、いつか別れるときがくると思っている。

これは計算づくで女とつきあうということではない。

「この女とは三年だけつきあう」

と最初に決めてかかるのではなく、別れたくなければいつまでもいる。ただ、最初から永遠ということを信じていないだけだ。たとえ別れがこなくても、確実にどちらかが先に死ぬんだから、何だって終わりというものはある。

ところが、女は逆の発想をするんだな。すべてが永遠につづくものと思いたがる。いや、永遠に続いて欲しいと願望する。これは腹《はら》に子を孕み、産み、育て、家庭というものを築いていくメスの本能というものなのだろう。

だから、女を抱くまえに「お前と一生いるぞ」とリップサービスをしてしまうと、

すっかりその気になる。独占欲が強くなれば、当然、つまらないヤキモチを焼くようになる。誰が悪いのでもない。女をその気にさせた男の一言が悪いのだ。

いくら肌を重ねても、所詮は他人。気持ちが離れてしまえば、それでお終いという危うい関係にある。男の目にはそれは見えているけど、女の視野には入らない。だから「ヤキモチを焼いたら終わりだぞ」と最初に言っておくというわけだ。

浮気や女遊びは、必要なときに女のあそこを借りているようなものと思えばいい。言ってみれば、ビジターでゴルフコースをまわっているようなものだ。プレイフィーは少し高くつくが、気楽なもので、コースが気に入れば通えばいい。ただし、決してメンバーになろうとしてはいけない。浮気も女遊びも、ビジターのつもりでいれば、くだらないトラブルは起きないということだ。

結局、ヤキモチというのは、何も生まない感情なのだ。怒りは、ときに大きな力を生む原動力になるけど、ヤキモチは、焼くほうも焼かれるほうも決してプラスにはならない。だから俺は、ヤキモチは、焼かれるのもいやなら、焼くこともない。

もし、つき合っていた女が浮気をしたとしたら、俺なら頭にくるまえにさっさと別れてしまう。

未練というやつは、追いかけるのも、追いかけられるのも、男にとって決して名誉ではないのだ。

女に引導を渡すときは、泥をかぶるのを怖れるな。イヤなものはイヤと言うべし

口説くのは易しいが、別れるのは難儀

男と女がくっつくのは、弾みや成り行きでコトは簡単に運ぶが、別れるときはそうはいかないものだ。

「これからも、いいお友だちでいましょう」

と言って笑顔で握手して別れるケースがないとは言わないが、たいていは憎しみ合うか、ドロ試合になってしまう。これからもいいお友だちでいるなら別れる必要はないわけだ。芸能人が離婚するときにこのセリフを口にするのは、世間体を慮《おもんばか》ってのこと。それがミエミエだけに、ニッコリ笑顔で握手する姿を見て、世間の多くは偽善と見下して笑うのだろう。

女と別れるときは、一緒になるときの数倍のエネルギーを必要とする。一つにくっついた男と女が二つに割れるのだから、大袈裟にいえば核分裂を起こすようなもの。

「口説くに易く、別れるに難し」

というのが男女の仲ということになる。

前項で、女を口説くときは「やらせてくれ」の一語で迫るのが「男の品位」でもあると記したが、実は別れるときも同じで、

「別れよう」

とハッキリ告げればいい。

すると女は必ず、

「どうして？」

「あたしが何か悪いことをした？」

と聞いてくるから、その理由を言えばよい。すると女は居直ったり、懇願したり、あるいは泣き叫ぶなど、ちょっとした修羅場になったりするけど、男が毅然とした態度でいれば、やがてあきらめるものだ。

ところが、「やらせてくれ」と同様、「別れよう」のひとことが、なかなか口にでき

ない。だから別れ話がこじれ、泥沼にハマってしまう。何とか別れることができたとしても、精根つき果てて腑抜けになってしまうケースも少なくない。

銀座でバーをやっていたマスターがそうだった。女と十年ほど同棲していたんだけど、気持ちが醒めてきて別れ話を切り出した。入籍はしていないのだから、財産分与がどうとか、法律的な障害はない。要するに、もうおつき合いはしないということに過ぎないのだが、気の弱いマスターは修羅場になるのを恐れたのだろう。

「おまえが嫌いになったわけじゃない。これ以上一緒にいるのは、お互いのためにならないと思うんだ」

とか何とか、傷つけないように切り出したところが、

「いや、絶対に別れないわ」

女が開き直った。

別れ話を口にしてからの生活は針のムシロ。「別れる」「別れない」ですったもんだしたため、マスターはまだ四十半ばだというのに、ストレスから頭のてっぺんがハゲてしまったのである。

そして、ある日、憔悴しきった顔でマスターが私の事務所にやってくると、

「お世話になりました。九州の田舎に帰ることにしました」

と挨拶した。

「店は？」

「たたみました」

「女は？」

「店を売った金を渡して……」

手切れ金を渡して別れたということだった。別れ話がこじれたばっかりにマスターは髪の毛も、店も、一切を失い、都落ちしていったのである。

マスターが女と手を切るのに失敗した原因は、上手に別れようとしたことにある。

「おまえが嫌いになったわけじゃない」

などとカッコつけるから、女につけ入る隙を与えてしまう。女という生き物は自分を客観視するのが苦手で、本質的にヒロインになりたがるから、言葉を額面どおり受けとってしまう。

「嫌いになったんじゃないのなら、やり直せるじゃないの」

と、しごく当然の主張をする。

ところが、マスターはカッコつけてそう言っただけだから、

「いや、そうじゃない」

とか何とか、説得力に乏しい別れ話を繰り返す。そのうち女もマスターの本心に気づき、

（口では調子のいいことを言いながら、私のことを嫌いになったんだ。きっと、ほかに女ができたにちがいない）

と、〝調子のよさ〟が逆効果となって、

「じゃ、別れてやるもんか」

女は意地になってしまった——と、俺はそのとき思ったものだった。

女と、コトを穏便にすますのは、難しい

俺はこれまで、多くの女とつきあってきた。

ということは、それだけ別れも多く経験したということになる。

別れ方を自慢してもしょうがないが、女が忙しさを理由に朝の珈琲を淹れなかったので、さっさと別れたことがある。女に店を出してやったので、そっちのほうが忙し

くなって気持ちの余裕がなくなったことはわかるんだけど、だからといって朝の珈琲を煎れられないというのは理由にならない。

そう思った俺は、

「そんなに店がいいなら、店だけにしろよ」

と告げて、さっさと家を出た。

俺のほうから出た――というのがミソだ。

「出て行け！」

と怒鳴りつけて、

「イヤです！」

と居直られたら、どうにもならない。まさか暴力をふるうわけにもいかない。その点、自分のほうから出て行くぶんには手間がかからない。家具など、いろいろ買いそろえたものもあるだろうが、そんなものはくれてやればいい。

「待って！」

女は私のあとを追って、あれこれ言い訳し、別れたくないと泣いてみせたけど、耳を貸さなかった。

女とは、それっきり。非情なようだけど、一度、芽生えた嫌悪の思いは熾火《おきび》のように消えることはなく、いずれ炎になって燃え上がる。まさに火事と同じで、火は小さいうちに消すに限るのである。

（この女はダメだ）

と思ったら我慢しないこと。我慢しているうちに情が移ることもあるだろうし、反対に恨みが積もっていって、それだけコトが面倒になるのが男と女の仲なのだ。

前項でヤキモチのことを書いたが、そのことで別れたことも少なくない。ある女は、俺が外で飲んでいると、どこで居場所を知ったのか、たいした理由もないのに電話をかけてくる。理由はわかっている。ヤキモチからくる猜疑心で、こうなると、もういけない。自分の行動をいちいち監視されているようで、その女といっしょに暮らしていることが息苦しくなってくる。

だから理由をハッキリと告げて引導を渡した。すると女は「もう電話しないから」といって泣き出したが、一切とりあわず、家を出て行ったというわけだ。

女との別れ方に王道はない。だが、ひとつだけ言えるのは、泥をかぶらず別れようとか、言いくるめてごまかそうとするのは品位に欠ける。イヤになったのだったら「イヤになった」、厭《あ》きたのだったら「厭きた」と、自分の気持ちを正直に告げることだ。女の気持ちを傷つけたくないというのはごまかしで、コトを穏便にすませようとしているだけなのだ。そして、冒頭に記したように、男と女の別れは〝核分裂〟のようなもので、スマートに別れようとすること自体、どだい無理な話なのだ。

第二章　男の損得

「約束に軽重なし」

肝に銘じよ

約束に軽重なし。男が守るべき基本である

損得によって約束をたがえるな

日本人が誇る「品位」の一つに「約束を守る」ということがある。最近こそ、屁理屈を振りまわして前言を翻す人間が増えてはきたが、日本男児にとって約束という「男の一言」は、命を懸けるほど重いものとされる。

だが「品位＝生き方」とするなら、国によって約束に対する観念は違ってくるんじゃないか。西欧において契約書がすべての価値観に優先するのはよく知られているとおりだが、これは他民族国家が多く、口約束では相手を信用できないからだ。

「買うと言ったじゃないか」
「言わない」
「言った」

「じゃ、契約書を見せろ」

となる。

発展途上国は、約束がどういう意味を持つのか、観念そのものが希薄だ。知人がアジア某国に飲食店を開いたときのこと。内装工事が遅れ、約束した期日に間に合いそうもないのでクレームをつけたところが、

「何を怒ってるんだ。遅れるものはしょうがないじゃないか」

と現地人責任者は平然と言ったという。納期という「約束に対する観念」が希薄なのだと、知人はあきれていた。

あるいは、別の知人は、発展途上国の会社と資源を輸入する契約をかわしたところが、ドタキャンされてしまった。知人が現地へ素っ飛んで行くと、向こうの社長は、

「もっと高額で買ってくれる会社が出てきたんだ」

と、悪びれる様子もなく言ったという。

「契約違反じゃないか」

詰めよるが、

「じゃ、同じだけの金額を出してくれるかい？」

これには、開いた口がふさがらなかったと知人は言う。

西欧社会の悪口を言っているのではないし、発展途上国の悪口を言っているのでもない。約束というものに対する観念のちがいを言っているんだ。日本人にとって「約束」は、すべてに優先する。まして損得によって約束をたがえるような人間は、誰からも相手にされなくなる。これは日本がチョンマゲをつけていた昔からそうであり、俺はこのことを誇りにしたい。

戦後、北方領土の返還は日本人の悲願だ。悲願の「願」から「お願い」の意味に取られやすいが、これはまちがい。「お願い」ではなく「返せ！」という憤りなんだ。なぜなら終戦間際、ソビエトは日ソ中立条約を一方的に破って北方四島を占拠。

「まさか！」

と、約束をたがえたことに日本人は強い衝撃と怒りをおぼえた。

それから七十年が過ぎた。そのあいだにソビエトが崩壊し、ロシアがそれを引き継ぎ、いまプーチン大統領が北方領土を政治の駆け引きにつかっている。ロシアを嫌悪する日本人は少なくないが、嫌悪の原因は、先の大戦でロシアが約束を一方的に破っておきながら、平然と自己主張することに根っこがある。

日本人の美徳と品位は世界に誇れる

ソビエト極東軍が突如、国境を越えて満州に進攻したのは一九四五（昭和二十）年八月九日未明。日本がアメリカに降伏する六日前のことだ。

そのころ俺は、神奈川県横須賀の久里浜にあった特攻隊の基地で潜水訓練を受けていたから、詳しいことは知らされていなかったが、広島に原爆が投下されたことで日本が降伏するのではないかと、ソ連はやきもきしていたという。ソ連は日本と中立条約を結んでいたため参戦できず、このままでは日本をアメリカに持って行かれてしまうからだ。

そこで、ソ連は日本が降伏する直前に日ソ中立条約を一方的に破棄して参戦し、

「うちにも日本を分捕る権利がある」

と主張する既成事実をつくったのである。

事実、日本が降伏すると、ソ連のスターリン首相は、

「北海道の北半分を寄こせ」

とアメリカに主張したが拒否される。

ならばというので、日本がすでに降伏しているにもかかわらず、ソ連は部隊を国《くな》

後《しり》、択捉《えとろふ》、歯舞《はぼまい》、色丹《しこたん》など北方領土へ転戦させ、全千島を占領。日本兵をシベリアへ抑留する。抑留された日本兵は六十万人におよび、厳寒の地での過酷な労働で、六万人以上が亡くなる。これは、ポツダム宣言（日本に発せられた降伏条件）にある「兵士は、速やかに祖国に帰還させる」という条項に明らかに違反する。

ソ連――すなわちロシアはそういう国であり、こうした卑劣漢を、日本では「火事場泥棒」と呼んで蔑む。

その「火事場泥棒」の後継者であるロシアが居直り、北方領土を政治的駆け引きに使ったり、これをテコにして東シベリアのガス田開発をもちかけ、資金援助を引き出そうとしている。国際政治は弱肉強食であることはもちろん承知しているが、ロシアはやり方が汚い。頭に来るたびに、「約束を守る」という日本人の美徳と品位は、世界に誇るべきものだと再認識するのだ。

「約束に軽重なし」肝に銘じよ

約束の基本は「時間」だ。

時間を守れるかどうか、信用も品位もすべてはここでわかる。

「約束した時間が守れないような人間が、どうして信用できるだろうか」

と、考えるのが日本人であり、この律儀さが、敗戦の廃墟から今日の繁栄を築き上げたと言っていいだろう。

日本に住んでいると、電車が定刻どおり走ることを当然と思っている。新幹線など、日本を縦断して一分と遅れることはない。定刻で当たり前——これが日本人の時間に対する観念である。

だが、発展途上国は違う。

「汽車？　さあ、夕方には到着するんじゃないかね」

と、まことにのんびりとしている。

飛行機に至っては、整備不良のため一週間遅れなどというのはザラで、日本人旅行者がイライラしていると、

「人生に影響はないさ」

と、彼らは肩をすくめて見せる。

なるほど、そういう考えにも一理ある。人生、四角四面が能ではなく、もっとノンキに生きたほうがいいのかもしれない。それでなくても働きバチと皮肉られる日本人

だ。もうすこしルーズなほうが、ゆとりがあっていいという考え方もあるだろう。

しかし、これだけは言える。日本の、そして日本人の信用は、約束や工期など「時間厳守」にある。冒頭で、飲食店建設の内装工期が遅れたことを書いたが、施工がもし日本の建設会社であったら、ありえない。納期を厳守し、場合によっては赤字を出してでも間に合わせようとする。理由の如何を問わず、納期に遅れるということは、信用失墜になるからである。

翻《ひるがえ》って、個人の場合はどうだろう。

俺は、人生こそいい加減に生きているが、時間にはうるさい。時間に遅れる人間は、そのこと一つをもって信用ゼロだと考える。待ち合わせの約束など、つい軽く考えて五分、十分の遅れはどうってことないと思いがちだが、とんでもない。約束は約束なのだ。約束に重いも軽いもない。一事が万事で、ひとつの約束を守れないような人間は、ほかの約束も守れないのである。「約束に軽重なし」。俺が肝に銘じていることだ。

ひもじくても、野良犬の自由を生きる。この矜持に品位を見る

自由も不自由も不便なものだ

このごろ野良犬を見なくなった。

家人がそんなことを口にしたので、そう言われてみればそんな気もする。野良犬は狂犬病予防法によって捕獲され、処分されているのだそうだ。サンゴやジュゴン、あるいは稀少の野鳥や絶滅危惧種は積極的に保護される一方、野良犬は厳しい環境にさらされているということか。狂犬病はヤバイが、野良犬が生きていけないような社会環境が果たしていいのかどうか、いささか考えさせられないでもない。

終戦直後は〝飢餓の時代〟で、不良は生きるために牙を剥いて徘徊した。野良犬であり、飢狼《きろう》でもあった。行き倒れはそこかしこにいたし、明日の命どころか、今日の命さえわからない。そんな日々であったが、いま振り返ってみて、野良犬には野良犬

であるがゆえの自由があった。

誰に束縛されるわけでもない。何をしてもいい。犯罪に手を染めればパクられるだけのことで、それは自己責任。飼い犬のように、エサにありつくため飼い主に尻尾を振る必要もない。尻尾を振るどころか、気に入らない相手であれば噛みついたっていい。そのかわり、生きていくための保障は何もない。その日を生きるのに精一杯で、エサを蓄えておく余裕はない。

野良犬と飼い犬と、どっちが幸せか。

馬齢を重ねた俺はともかく、まだまだ人生半ばを生きている人にとっては考えさせられるところではないだろうか。

野良犬の生き方について考えてみるのもいい

「派遣社員」が論議されている。

非正規雇用は簡単にクビを切ることができるので企業にとって都合がよく、派遣という雇用形態には問題があるとする。俺は勤めたことはもちろん、人にも組織にも使われた経験がないので浅薄《せんぱく》なことは言えないが、派遣という雇用形態には本来、「自由」があったのではないか。

正社員を飼い犬とし、派遣社員を野良犬とするなら、

「飼い主に尻尾を振るのはイヤだ、もっと自由に生きるんだ」

という思いがあり、この自由こそ、派遣社員の最大の魅力であったのだろう。鎖につながれた飼い犬を横目に、野良犬の自由を求めたものと俺は理解している。

時代もよかったんだろう。派遣社員が登場した時代は、何をやっても食っていけた。だから職を気軽に変わることができる。小金が貯まったら仕事をやめて旅行や趣味を楽しみ、蓄えが底をついたら再び働き始める。

野良犬は人生を謳歌した。

ところが減速経済となり、リーマンショックが追い打ちをかけ、日本は大不況に陥った。終戦直後の食糧難の時代と同じで、野良犬は漁るべきエサがなくなってしまったのである。

ここで価値観が一転した。飼い犬でいるほうが楽だ。飼い主に尻尾を振り、鼻を鳴らし、すり寄っていけばエサだけは与えてくれる。それを見て、野良犬たちが、

「じゃ、俺たちも飼ってくれよ」

と主張する気持ちもわからないでもない。

もちろん、事はそう単純ではないだろう。労働者の権利とか福祉という問題も派遣労働はかかえている。そのことを承知しつつ、「生き方」という視点から派遣社員と正社員を「野良犬」と「飼い犬」に置き換えて見れば、そういうことになるのではないだろうか。

若者も実年も老後を心配している。人生設計と言うより、〝転ばぬ先の杖〟を求めているのだろう。無難に、安全に、楽に人生を渡ろうとするのは悪いことではないが、一方で、明日を心配して日々を生きていくような人生でいいのかと思ったりもする。たまには、その日暮らしという野良犬の生き方について考えてみるのもいいのではないだろうか。

貧しくても、人生の幸せはいくらでもある

その昔、江戸っ子は〝宵越しの金〟を持たないと言われた。「宵越しの金」とは、その日に稼いだ金はその日に使い切り、翌日まで持ち越さないという意味である。痩せ我慢であろうとも、江戸っ子は金離れのよさを誇った。地方から江戸に出てきた人

間は、一旗あげようとして身を粉にして働いたものだが、江戸っ子はそういう生き方を笑って見せた。

「このクソ暑い夏の盛りに、汗水たらして働くなんざァ、野暮《やぼ》ってえもんだ」

それが彼らの人生観だと言われる。

だから蓄えもない。蓄えることを野暮としたのだ。経済的に不安定な暮らしだが、

「そのときゃ、そのときのことよ」

と楽天的に考える。

定職がなくても、

「おまえさん、お米が底をついたよ」

と、カミさんが言えば、

「あいよ」

亭主はふたつ返事で外へ飛び出していって、

「米搗《つ》こか、薪割ろか」

と町内を触れ歩けば、たいてい、どこぞの家からお呼びがかかる。

あるいは、棒手振《ぼうてふり》の親方を訪ねて商売道具一式を借りれば、その日から商売が始め

られる。棒手振とは、天秤棒の両方に品物をつけて担ぎ、魚や野菜を売り歩く行商人のことで、半月も働けば一家四人がじゅうぶんに食べていけたという。武士と違って体面を保つ必要もなく、江戸庶民は気楽にその日を生きていたのである。

だから、身を粉にしてまで稼ごうとしない。夏場の暑い盛りは仕事をせず、日のあるうちから湯屋に出かけ、二階の休憩所で将棋に興じたり、世間話に花を咲かせて過ごし、日が暮れると蛍狩りを楽しむ。谷中の蛍沢、高田落合、目白下、目黒、そして隅田川沿いなどが名所として知られており、庶民は浴衣を着て家族連れで出かけると、団扇《うちわ》や笹竹などで飛びまわるホタルを捕らえ、竹細工の虫籠に入れて風流に心を遊ばせる。

子供たちもまた、貧しさのなかにあって遊びを謳歌した。かくれんぼや鬼ごっこはもちろん、男の子であればカタツムリを捕まえて角を出させて遊んだり、笹の葉で笹舟をつくったり。女の子は小石を拾っておはじきをしたり、端布《はぎれ》でお手玉をつくるなど、身近にあるもので工夫した。工夫を競うこともまた、楽しい遊びのひとつであったのだろう。

貧しく、そして経済的に不安定ではあるが、江戸庶民はこうして「生きること」を楽しんだのである。

海外のリゾート地でバカンスを過ごすことができなくても、人生の幸せはいくらでもあるんじゃないかな。一流レストランに行くことができなくても、食べる楽しみ方はいくらでもある。立派な家に住むことができなくても、江戸庶民は長屋生活を謳歌した。豊かな人生とは、物質的な充足ではなく、心の充足であるという本質を、彼らは知っていたからである。

こうした生き方に、〝野良犬の自由〟という生き方を重ねてみると、また違った人生が見えてくるのではあるまいか。

安定した生活を求めることが悪いと言うのではない。飼い犬の生活を揶揄しているわけでもない。〝野良犬の自由〟を求めるなら、そしてその自由を謳歌するなら、飼い犬の安定をうらやむべきではないと思う。野良犬であろうとも、毅然とそれを誇れる男の生き方に品位を見る。

正社員にならずとも、

「このクソ暑い夏の盛りに、汗水たらして働くなんざァ、野暮ってぇもんだ」

という心意気で生きていけばいいのだ。

ここ一番でケツをまくって見せる。寛容さだけが「男の度量」ではない

度量とは、その人の実力をさして言う

男の値打ちは「度量」で推し量られる。

度量とは器のこと。「器量」とも言う。赦《ゆる》すこと、些細なことにこだわらないこと、小異を捨てて大同につくこと、自利より利他——といった処し方だ。底の浅い川は水音を立て、深い川は静かに流れていく。男もそれと同じで、自分の都合や利益のことばかり主張してキャンキャン吶えるのは感心しない。スケールの大きさが、そのまま「男の品位」につながっていくと言っていいだろう。

度量の大きさで知られるのは西郷隆盛だ。薩摩藩と長州藩が手を携えることなくして倒幕は不可能と考えた坂本龍馬は、薩長同盟締結のために奔走するが、不倶戴天《ふぐたいてん》の両藩はツノを突き合わせたまま歩み寄ろうとはしなかった。

そこで龍馬は、西郷にこう言って談判する。

「西郷さん、桂はあっしにこう言いよりました。長州藩が滅亡すれども、薩摩がその後を継いでくれれば本望であると。桂もこれだけ日本のことを考えとるがぜよ。西郷さん、ここはお互いの面子を捨て、薩摩から長州に同盟を申し込んでくれんか。これは長州藩のために頼むがじゃない。今後の日本の将来を考えてのことぜよ」

この言葉に西郷は心を動かされ、薩摩藩から長州藩に対して同盟を申し込むことになる。日本の将来という大義のため、西郷はこれまでのわだかまりを捨てて自分のほうから折れたのだろう。説得した龍馬もたいした人物だが、西郷の度量がなければ明治維新はどうなっていただろうか。

明治維新はともかく、西郷の態度が度量として評価されるのは、

「ケツをまくるだけの実力がありながら、あえて折れた」

ということにあると思う。

実力のない男が折れるのは度量とは言わず、卑屈という。白旗を掲げた長州に対して、幕府が再攻撃を仕掛けようとしたとき、西郷は長州と不倶戴天の関係にありながら、これに怒った。恭順《きょうじゅん》の意を示している相手にそこまでやるのか——というわけで、

「長州再征は幕府と長州の私闘であるため、出兵は拒否する」と言って突っぱねて見せた。

それだけの実力を持つ西郷が、自分のほうから長州藩に折れたということが「男の度量」となり、人々を惹きつけるのだろう。言い換えれば、実力なき男がいくら器の大きさを見せようとしても、それは度量として評価されないということになる。

ヤクザの例が適切かどうかはわからないが、たとえば他組織が筋を通し、かくかくしかじかで金融事務所の看板を上げさせてくれと言ってきたとする。「わかった」と返事をした場合、周囲の評価は、それを許した組の実力によって二つに分かれる。強力な組織であれば「度量がある」と言われるだろうし、弱小であれば「ナメられた」という評価になる。すなわち〝衣の下の鎧〟を見せることなくして「男の度量」はないということになる。

二〇一五年十月、中国が申請していた「南京大逆殺関連資料」がユネスコ（国連教育科学文化機構）の世界記憶遺産に登録されたことが、大きなニュースになった。中国は当然ながら大喜びだが、これに日本はどう対処すべきか。「度量」という視点から見てみたい。

思ったことは口にすべき、ナメられたら終わり

「南京大虐殺」については、事あるごとにメディアを賑わすので周知のことと思うが、先の戦争で南京に進出した日本軍が「三十万人を虐殺した」と中国政府が主張し、反日を煽っている。それに対して日本政府は、

「具体的な犠牲者の数はいくつかの説がある」

と反論。学識経験者のなかには「攻略戦時の兵士・市民の犠牲者は虐殺とは見なさない」とする見解があるなど、日中間で論争が続いているものだ。それにもかかわらずユネスコは中国の申請を認め、「南京大虐殺関連資料」を世界記憶遺産としたのである。

「冗談じゃない」

と日本政府は怒り、

「もうユネスコには資金を出さないぞ」

ケツをまくった。

ユネスコについては、くわしくは知らないが、日本はユネスコ予算の約一割に当た

る分担金を負担しているのだそうだ（編集部注：年間約三十七億円）。それにもかかわらず、激しく論議され、結論の出ていない「南京大虐殺」について中国の主張が一方的に認められたのだから、苦しい財政から分担金を拠出したユネスコに足蹴にされたようなものだ。日本政府がケツをまくるのも当然だろう。

ところが、これに対して批判の声がある。

「自分の意見が通らないからといって、もう金は出さないと言ったのでは見識が問われる」

というわけだ。

ひらたく言えば「度量がない」「品位に欠ける」という批判だが、ここで日本政府が、「じゃ、これまでどおり金は出します」と言ったとしたら、度量を見せたとして世界は評価するだろうか。

評価なんかされるわけがない。

「非難すれば、すぐに折れる」

とナメられるだけだ。

なぜなら前述のように、力のある者――怒らせるとヤバイと思われている者の寛容さだけが、度量として評価されるからである。

いい例がアメリカだ。アメリカはユネスコの最大のスポンサーだったが、ユネスコがパレスチナの加盟を承認したことでケツをまくった。パレスチナはアメリカの盟友イスラエルと敵対関係にあるから、「それを承知で加盟を認めるなんて、どういう了見だ」ということで、カネを出さなくなった。

これで世界の国々は、

「アメリカを怒らせたらケツをまくる」

と肝に銘じることになる。

そんな経緯もあって、いまユネスコに対する拠出金は日本がトップ。日本によってユネスコの活動が成り立っているにもかかわらず、いまだ論争中の「南京大虐殺関連資料」を世界記憶遺産に登録した。日本はケツをまくるべきだ。西郷隆盛なら徹底してケツをまくり、ユネスコに改革を迫るだろう。そうしてこそ日本の名誉は守られる。中国の主張を見直し、改革が行われたところで、再びユネスコに協力すればよい。

日本の拠出見直し発言に対して、中国は「脅迫行為」だと声高に非難した。だが、これまで最大の拠出国であったアメリカが支払いを停止していることに対して、ダンマリを決め込んでいる。国も、組織も、そして男もナメられたら終わりなのだ。同じヘビでありながら、青大将は棒切れで叩き殺されるが、コブラだと避けて通る。それと同じで、ナメられるという一点において、毒のない青大将に品位はないのだ。

食も色も、量を排して質を求む

品位について語る資格を持て

ケンカに、バクチに、女。

あるいは「若者に喝を」――といったテーマで、よく取材される。

まさかこの俺に道徳の話でもあるまい。元ヤクザにして元映画俳優には、こうしたテーマがお似合いということなのだろう。

たしかにケンカもバクチもセックスもずいぶんやってきた。抗争で命を落としかけたことは何度もあるし、バクチは安藤組の重要な資金源のひとつだったから、命がけで賭場を張ってきた。

女に関しては、これはもう理屈はない。根が好きというのか、本能のおもむくまま、やりたいからやってきただけのことで、気がついたらそれなりの経験をしてきたに過ぎない。

やった女の数を問われるのも質問の定番だが、

「そんなもの、いちいち覚えちゃいないよ」

と答えているうちに、いつのまにか〝千人斬り〟にされてしまった。

記者も商売だから面白おかしく書くだろうし、そんなことにいちいち目くじらを立てることもないが、女の数など自慢にもなりはしない。

セックスは、量より質。

振り返ってみて、つくづくそう思う。料理と同じで、一流のレストランでフランス料理のフルコースを食べたことは自慢になっても、カップラーメンを千個食ったからといって自慢にはなるまい。

腹がへったからといって、手あたり次第に食い散らかすのは動物だ。発情期だからといって、近場のメスに乗っかるのも動物。本能のおもむくままの行為に品位という概念はまったくない。逆説的に言えば、うまい食べ物を選び、いいセックスを求めてこそ人間であり、品位を語る資格があるということになるだろう。

そこで、料理と女について書いておきたい。

うまいもの、一流のものを口にする努力を惜しまない

まず、料理――。動物と人間の違いは、食べることの目的だ。「生きるために食べる」というのが動物で、「食べることを楽しむために生きる」というのが人間だ。だから、動物は料理なんかしない。料理は文化なのだ。文化であるがゆえに工夫され、継承され、独自の料理をつくりだしてきた。

世界に冠たる料理は、フランス料理と中華料理。これが両雄で、歴史、食材、調理法、味付け、そして絢爛さのどれ一つとっても料理の最高峰である。イタ飯やエスニック系料理は、人気であっても庶民レベルのものだし、いまブームの和食は、ブームになるということ自体が料理としては〝新参者〟ということになる。

では、なぜフランス料理と中華料理がここまで進化していったのか。それは、どちらも「暴君の遺産」であるからだ。フランス料理はルイ王朝の時代に、宮廷の料理番が、暴君たる国王を満足させるために命懸けで創り出したもの。最高の料理になるのは当然だろう。ちなみに「レストラン」というのは、革命によってルイ王朝が倒れ、失業した宮廷コックが街で料理店を開いたのを始まりとする。

中華料理は、秦の始皇帝の時代に創意工夫されたものだ。よく知られているように始皇帝は不老長寿を願って、料理番に不老長寿の食べ物を創るよう厳命した。これが中華料理の起源とされる。そうでなければ、猿の脳ミソや熊の掌、燕《つばめ》の巣などといったものを食材にしてみようとは思わないだろう。中華料理を指して、中国人は何でも食べると悪食の権化のように言われるが、これは「不老長寿」という大命題があってのことなのである。

だから専制君主制を経験しない国には、固有の料理はない。世界に通用するという意味で、「アメリカ料理」とか「オーストラリア料理」「カナダ料理」というのは耳にしないはずだ。ハンバーガーが料理であるなら、日本のにぎり飯だって立派な料理になるだろう。

かくのごとく「食」は文化であり、「食」を楽しむのは動物のなかで人間だけであるなら、うまい料理を食べるように心がけるべきだ。ラーメンも悪くはないが、ラーメンを十回食べるなら、その金を貯めてしかるべきレストランに行く。安酒を十杯飲むより、うまいワインを一杯にする。居酒屋に通うなら、それを一カ月しんぼうし、その金で割烹へ行ってみる。うまいもの、一流のものを口にして初めて舌は肥え、品位というものが身についていく。

深くて熱い世界に身を置く

次に女――。
「セックスをなぜするのか」と問われて、「本能だから」と答えた若者がいた。テレビのバラエティー番組だったと記憶するが、本能でセックスするのであれば、犬や猫やライオンと同じだ。トンボだって、昆虫だって交尾する。セックスの根源は〝種の保存〟という本能に根ざしたものだけど、より深い快感を味わおうと工夫するのが人間ということになる。

では、セックスの魅力とは何か。《情交》である。入れました、イキました、出しました――というセックスは《性交》であって《情交》とは呼ばない。《情交》とは字のごとく、五感に精神的なものまですべてを含めたセックスのこと。《性交》をカップ麺の食事とするなら、《情交》はフランス料理のフルコースか、中華料理の満漢全席に相当する。

それほどに差がある。

いい例が、金で買った女。ソープ嬢とやる場合でも、店に出かけて行って客の立場でやるのと、プライベートで知り合い、口説いた末にやるのとでは、満足感はまるっきり違ってくる。前者が《性交》で後者が《情交》となる。女だってこれは同じで、商売でやればセックスに魂がこもるはずがないだろう。

不動産ビジネスを手広く手がけている友人のN社長は、大のソープ好きだ。プレイボーイとしても聞こえる男だけに、なぜ金で買ってまでセックスするのか不思議に思っていた。

で、酒飲み話にそのことをNに問うと、

「金で身体を売る女を本気にさせるところが醍醐味なんだ」

と言って笑った。

話はこうだ。

フツーの男は、ソープへ行くと美人を指名する。当然だろう。ところがN社長は違う。ブス専門で、同じブス嬢を何度か繰り返し指名する。するとブス嬢は首をかしげる。同じ客から再指名がかかることは、めったにないから、

「どうして、お客さんは、あたしを指名してくれるんですか」

と聞いてくる。

そうしたらすかさず、彼女のいいところを何でもいいから指摘して、そこが気にいったんだとホメちぎる。

「するとね」

ニヤリとして、

「ソープ嬢が燃えてきて本気になるんだ」

単なる《性交》が《情交》へと昇華していく、その過程がたまらないのだと言う。さすがプレイボーイ。セックスの本当のよさを知っているというわけである。これは精神的生き物である人間にしかできないセックスなのだ。

大望のために膝を屈してみせる。我慢と忍耐にも品位はある

ヤクザとして処す「品位」

「商人と屛風は曲がらねば立たぬ」

という言葉がある。

江戸宝暦期の町人学者・岩垣光定が説いたもので、

「商いは頭を下げてするもの」

という商人の心構えを言う。

士農工商という身分制度からもわかるように、江戸時代の商人は社会の最下層に位置し、軽んじられる立場にあった。当時は農業が主力産業だから、「農」を「工商」の上にすることで農民の不満を和らげたということもあるのだろうが、万金の財をなす大店の主《あるじ》であっても最下層の身分だから、

「無礼者！」

と武士に一喝されれば、平身低頭して許しを請わねばならない。

これが商人にはおもしろくなかった。戦国の世ならともかく、天下太平の江戸時代にあっては、商人が経済の主導権を握るようになっている。武士は威張ってはいるが、カネはない。下級武士にいたっては、傘貼りなど内職で糊口《ここう》をしのいでいる。

「何で、俺たちの身分が低いんだ」

という鬱憤《うっぷん》は当然だろう。

だから、下級武士に対しては高飛車に出る。旗本に対しても、頭を下げはしても慇懃無礼な態度になってしまう。

「だが、商人はそれではだめだ」

と町人学者の岩垣光定は諭す。

「屏風が曲げることで立つのと同様、商人も客に対して辞を低くしてこそ商いは繁盛するものだ」

と戒めたのである。

ヤクザは、その逆だ。メンツに生きる。意地と男伊達を売るから、辞を低くして渡世することを潔しとしなかった。

「商人じゃあるめぇし、いい兄ィが頭なんか下げられるか」

というわけである。

俺の人生がそうだった。自慢にもならないが、頭を下げることもなければ、人様にお願いすることもなかった。損得よりもメンツで、メンツがかかれば〝火中の栗〟も拾う。抗争のもつれから、拳銃を懐に抱いて新宿のさる大親分の邸宅に談判に乗り込んだこともある。成り行きによっては殺るつもりでいたし、そうなれば俺も生きては帰れない。その場で、部屋住みの若い衆たちに蜂の巣にされるだろうが、それでもいいと腹をくくったものだ。幸い、大親分の器量で円満に解決した。もっとほかに対処のしようがあったのかもしれないが、ヤクザの処し方としてはあれでよかったのだろうと思っている。

横井英樹襲撃事件もそうだった。元華族末亡人の依頼で、借金返済の話し合いに横井の会社に出かけると、横井はこう言った。

「日本の法律ってやつは、借りたほうに便利にできているんだ。なんならキミたちにも、金を借りて返さない方法を教えてやってもいいんだよ」

ハハハとせせら笑い、さらにコーヒーを勧めておいて、

「私のところじゃ、借金取りにまでコーヒーを出すんだからね」

この一言でブチ切れた。

「なにィ！　てめぇんところの腐れコーヒーなんか飲めるか！」

コーヒーカップを床に叩きつけて席を蹴った。

そして、その夜、舎弟に命じて横井を襲撃させ、結果として俺は懲役八年を打たれることになる。この一件も、ほかにもっとやりようがあったのかもしれないが、メンツということからすれば、これもまた、あれでよかったのだろうと思っている。

だが、これはヤクザの処し方だ。カタギ社会は、曲折することで立っている屏風のように我慢を美徳し、品位とする。「品位」ということからすれば、カタギ社会では受け入れられないだろう。ということは、社会で成功するには〝屏風の我慢〟も時に必要ということになる。

腹のなかで笑っていられる我慢を「正の我慢」と呼ぶ

「我慢」というと、「歯を食いしばって耐える」というイメージがある。我慢には違

いないが、歯を食いしばる我慢は「負の我慢」だ。

「本当はケツをまくりたいのだが、そうはできないから仕方なく我慢する」となれば、歯ぎしりもするだろう。反対に、「この我慢が将来に活きる」「こんな人間、相手になるだけ損だ」という思いがあれば、腹のなかで笑っていられる。この我慢を「正の我慢」と呼ぶ。

我慢について語るとき、《韓信の股くぐり》という故事を、俺はよく引き合いに出す。韓信は楚王となる人物だが、貧しい境遇に育ち、若いころは職もなく、無頼の生活を送っていた。

その韓信に、不良少年がケンカを売る。

「おまえは本当は臆病者だろう。違うというなら俺を刺し殺してみろ。できないなら、俺の股の下をくぐれ」

と挑発した。

道行く人々が足を止め、遠巻きにして成り行きを見守った。韓信はどうするか。頭にきて剣を抜くに違いない――誰もがそう思ったところが、韓信はやおら腹ばいになると、不良少年の股の下をくぐったのである。

それから歳月が流れ、韓信は曲折を経て一国の王になるのだが、不良の股をくぐった昔をふり返って、

「私が今日あるのは、あのとき屈辱に耐え、我慢したからだ」

と述懐する。

高く飛び上がるには膝を曲げ、身を屈《かが》ませなければならない。矢を遠く飛ばすためには、弦《つる》につがえた矢を力一杯うしろに引かなければならない。「我慢」とは本来、こういうことを言うのではないだろうか。

そんなことをつらつら思いながら《商人と屏風は曲がらねば立たぬ》という諺を考えてみると、また違った様相が見えてくる。単なるモミ手商法の勧めではなく、「大望のための我慢」を説いているように思えるのだ。

《末《すえ》ついに海となるべき山水も　しばし木の葉の下くぐるなり》

これは、故田中角栄が好んで色紙に書いた言葉だ。「山水はやがては大海原に達するのだが、そこに至るまでには、木の葉の下も流れる時期もある」という意味から、「苦節の時期を我慢して耐えよ。いずれキミは大成する」

と励ましたもので、捲土重来《けんどちょうらい》を期す落選議員は、この一文に感激し、奮い立ったと

いう。

これこそ、高等小学校卒で学歴もなく、閨閥《けいばつ》もなく、土建屋から首相に登りつめた角栄が苦節のなかでつかみとった人生の要諦ではなかったか。「商人」を「男」と言い換え、《男と屏風は曲がらねば立たぬ》とする生き方もあるのだ。

第三章　男の信義

思いどおりにいかない
人生を良しとする

一喜一憂するなかれ。流れにまかせて生きる

大河の流れに身をまかせ、淡々と生きるも良し

「もしも、あのとき」

という〝人生の節目〟は誰だってあるだろう。思い切って踏み出せば人生はもっと変わっていたのではないかと、歯がみしたりもする。チャンスがめぐってきたときに、それをものにするかしないかは、その後の人生を大きく左右する。

だけど、人生というやつは、そう単純じゃない。「禍福《かふく》は糾《あざな》える縄《なわ》の如《ごと》し」と先人はよく言ったもので、何が幸いで、何が不幸であったかは棺《ひつぎ》を覆うまでわからない。チャンスをものにしたと喜んでいても、それが不幸の種になっているかもしれないし、その逆もある。人生設計などとしたり顔で言ってみたところで、所詮、丁半バクチの賽《さい》の目を読むようなもの。思ったとおりの目が出ることのほうが少ない。

だから、

「なぜ、ヤクザになったのですか」

と記者に問われても返答に窮する。

「なぜ、俳優に転じたのですか」

という質問も同様だ。

ヤクザになろうと思って生まれてきたわけでもなければ、俳優に転じようと思ってヤクザをやっていたわけでもない。曲折を経て、結果としてそうなっていたに過ぎないというのが正直なところだ。

こう考えると、日々の出来事に一喜一憂するのは感心しない。人生という大河の流れに身をまかせ、現実を甘受し、淡々と生きていけば、おのずと納まるところに納まるというのが、この歳になって思うことだ。

思いどおりにいかない人生を良しとする

振り返れば、俺にも「もしも、あのとき」という〝人生の節目〟はいくつもある。

「ラオスに渡って、工事の面倒をみていただけませんか」

そんな話が舞い込んできたこともある。いまから六十年ほど前になるのかな。T鉄鋼がラオスのダム工事を請け負ったんだが、共産ゲリラが出没するので、安藤組でそのガードをしてくれというわけだ。

「機関銃など銃火器はすべてラオスのほうで用意します。ラオス国内では、女は好きにして結構です。国王が言うには、日本人は優秀な民族なのでその子ダネが欲しいので、大いにやってくれということです」

と、ラオスの人間が聞いたら目を剥くようなことを仲介者が言う。当時の東南アジアは混沌としていたことは確かだけど、工事現場のガードの件は本当にしても、女を好きにしていいというのはどうかな。眉にツバをつけてみたが、元請けは大手のT鉄鋼。調べてみたら、あながちウソとも思えない。というより、ラオス国内では自由に活動してくれ——ということを、そんな表現で言ったということのようだ。

ウチの若い者を日本に置いといたところでロクなことはないだろうし、アジアに雄飛するのも悪くない。旧態依然としたヤクザのシノギから脱却するビジネスチャンスでもある。当時、三十を少し過ぎたばかりの俺は、そんなことを考えた。この話に乗ることにして、すぐさま準備にかかった。

まず、アジアの歴史と現状を知らなければならないということで、若い者を集めて勉強会を開く一方、「日本の青年たちにアジアへ目を見開かせる」という目的で新聞を発行することにした。『日本青年新聞』と名づけ、社説は俺が書いた。金がかかるのはいいとしても、旬刊（十日に一回発行）だから大忙し。自民党と社会党の議員が国会で乱闘したときは、俺もセスナに乗り込んで国会上空から後楽園上空へと、人出のありそうなところを狙って号外をバラまいたものだ。

だけど、まもなくラオス行きは不測の事態が起きて頓挫する。横井英樹襲撃事件で全国指名手配され、ラオスどころじゃなくなった。かくして行き先は、ラオスから前橋刑務所に変わってしまったのである。

もしラオスに進出していたら、その後の人生はどうなっていただろう。よかったか悪かったかは神のみぞ知ることだが、人生はまるっきり変わっていたことは確かだ。

アジアといえば、安藤組を解散したあと、タイを拠点にしてビジネスをやろうとしたこともある。これも「もしも、あのとき」という人生の大きなターニングポイントになるはずだった。

嘆くことはない、人生は期待と失望の繰り返しだ

安藤組を解散して三カ月後の昭和四十年二月から三月にかけて、海外旅行に出かけた。バンコク、マニラ、シンガポールなど東南アジア、さらに香港、台北、沖縄と三週間ほどかけて旅行した。目的は骨休めと、東南アジアを舞台にしたビジネスの下調査である。

ちょうどそのころ、タイ政府が外資に門戸を開放して設備投資については、いっさい税金をかけないことになった。貿易実務に関してはシロウトだけど、タイへ進出するチャンスかもしれないと、これは直感だった。

で、すぐさまアジアにいる友人たちに相談した。青年実業家の九里尚志はボルネオでエビ漁業を手がけて大成功して、「ボルネオの海のエビを独占する男」と呼ばれていたし、タイにいる友人は立教大の出身で、バンコクにビルを持っていて貿易商をやっていた。彼らに相談すると、それは狙い目だと口を揃えて言う。

そこで、この二人をブレーンにして三つの計画を立てた。サイロ事業、ゴルフ場の建設、そして果実専門の缶詰会社の経営——。サイロというのは、トウモロコシや牧草などの飼料を保存する貯蔵庫のことで、東南アジアではこれが不足していた。果物

はパパイヤ、マンゴー、パイナップル、バナナなどは日本の市価の十分の一ほどで、タイでいくらでも採れるという。ビジネスとしては、こいつは堅いと確信した。

このほかにも、タイにはいろんなビジネスチャンスが転がっていた。手つかずの土地が広大にあって、坪単価百円の安い土地をブルドーザーで整地するだけで、倍額の二百円で売れることもわかった。

それからチーク材。チーク材はマホガニー（中南米産）、ウォルナット（北米産）とともに世界三大銘木で、人気の高級銘木だ。耐久性や耐水性も優れているし、白蟻や害虫等にも強い。ところが当時、チーク材は、日本では輸入禁止だった。たぶん、林業保護のためだったと思うけど、うまく日本に運んでくれれば高く売れる。問題は、どうやって日本に持ってくるか。

密輸じゃ、ヤバイ。で、あれこれ考えているうちに、パイナップルの梱包に目をつけた。生産者はパイナップルをチーク材で梱包して輸出していた。ということは、パイナップルを輸入すればチーク製の箱が手に入る。箱を分解して加工すれば、チーク材の高級床材になるというわけだ。帰国して新宿の『高野フルーツパーラー』と話をつけ、パイナップルを原価で卸すかわりに木箱をもらうことにした。

ところが――。

いよいよ事業開始というときになって、マスコミの一部が俺の東南アジア旅行を批判したのである。安藤組の解散は大きなニュースになっていたから偽装解散かもしれないと疑ってもいたんだろう。マスコミが俺の行動をマークしていて、

「仮釈放中の危険な安藤昇を放っておいてよいのか」

そんな記事を載せた。

すると、外務省が仮釈放中であることを理由にビザを発給しないと言い出した。満期（刑期終了）が昭和四十一年十一月八日だから、それまで海外に出さないという。タイに渡航することができなくなった。

頭にきて、外務省に乗り込んだ。最初はビザを出しておいて、なぜ今度は駄目なんだと直談判したけど、外務省もマスコミの批判を恐れて、結局ビザを発給しなかった。人脈で始めたビジネスだから、俺が行かなければどうにもならない。こうして思い描いた夢は潰《つい》えてしまったのである。もしあのときマスコミが余計なことを書かなければ、俺は貿易関係の事業家になっていたかもしれない。

だけど、ここからが人生の面白いところで、することがなくなった俺は、ヒマにあ

かせて自伝を執筆する。それが映画化されることになり、俳優へと転じていくことになる。マスコミが余計なことを書かなければ、外務省がビザを発給していたなら、自伝も書かなければ映画に出ることもなかったろう。どっちがよかったかはわからないけど、これが人生のアヤというやつなんだろう。

丁と出ようと半と出ようと、賽の目に責任はない。一喜一憂するのは賽の目に賭ける人間の勝手。賽の目を「人生」に置き換えれば、どっちに転ぼうと受け入れるしかない。思った目が出なかったからといって賽の目に当たるのは、みっともないことなのである。

世間の常識にとらわれない男気を貫いた有名俳優

男気とは、信義を貫くこと

自分にプラスになると思えばすり寄ってきて、マイナスになると判断するや、蜘蛛の子を散らすように逃げて行く。てのひらを返すのが人情とわかってはいても、男の生き方として考えれば、淋しいものがある。

事に臨んで信義を貫けるかどうか、ここで「男の品位」がわかる。

口では偉そうなことを言いながら、イの一番にてのひらを返す者もいれば、普段は寡黙で目立たない男が最後まで信義を貫いたりもする。逃げて行くだろうと思っていた男が意外に硬骨漢で、男気を見せたりする。

安藤組が日の出の勢いのときは、いろんな人間がすり寄ってきた。著名な政財界人や芸能人、スポーツ選手もいる。だけど、横井英樹襲撃事件でメディアに叩かれると、次第に距離を置くようになっていく。まして組を解散するとなれば、俺とつき合いがあったことはもちろん、知り合いですらないという顔をする。

それぞれに立場もあるだろうから、それを非難するほど野暮じゃないが、それだけに信義を貫かれると、男気というものを感じないわけにはいかない。自分にマスナスになることを承知で、安藤組解散のときにメッセージを寄こした人気芸能人がいた。

そのことを紹介しておきたい。

世間の狭い常識や評判にとらわれない

安藤組の解散は昭和三十九年だから、東京オリンピックが開催された年だ。俺が前橋刑務所を仮釈放になるのが、この年の九月。開催まで一カ月とあって、巷に五輪音頭がにぎやかに流れていたことをおぼえている。オリンピックに向けて急ピッチで開発もしたのだろうが、東京の変わりように六年の歳月というものを感じないわけにはいかなかった。

解散式は仮釈から三カ月後の十二月九日、午後一時三十分から渋谷区代々木の区民会館で行った。式典には、組員はじめ警察、近県の刑務所長、保護司など関係者三百人が集まったが、そのなかには住吉会の立川連合の顔である稲葉一利親分と小西保親分、落合一家の六代目だった高橋岩太郎親分、七代目の関谷耕蔵総長といった錚々たるメンバーが若い衆を連れて出席しくれた。

　俺が解散声明を読みあげ、東京保護観察所長、保護司の代表、来賓挨拶と続くのだが、来賓の一人に右翼の重鎮である佐郷屋嘉昭氏がいた。あとの項で紹介するが、佐郷屋さんは東京駅で浜口雄幸首相を撃った男なんだけど、解散式だというのに「解散なんかしなくていい」と〝異例の挨拶〟をしたんだ。

「安藤組などというものの存在は、勝手にジャーナリストや警察がいったことで、そんなものはなかった。存在のないものがどうして解散するのか。正業につく、更正する、といっても、いままで強盗、盗人《ぬすっと》をやっていたのではない。安藤君が世間に知られた横井事件は、法に触れない暴力をなじったので、正しいとまではいわないが、やむを得なかった」

　これには、出席したお偉方は唖然としたことだろう。

　佐郷屋さんに続いて、東宝のプロデューサーが挨拶に立った。何をしゃべるのかと思っていたら、「俳優・森繁久彌のメッセージを預かってきたので代読したい」と言う。これには、さすがに俺も驚いた。

俺と森繁は、かねてより交流があった。森繁が直筆で『酒、酒、酒……』という詩を書いて贈ってくれ、俺の店（渋谷のバー『アトム』）に飾ってあったりもした。だけど、いくらつき合いがあるからといって、ヤクザの解散式に名のある俳優がわざわざメッセージを寄こすのは異例だ。まして安藤組解散は大きなニュースだったから、芸能人は名前を出すことに二の足を踏んで当然だ。そのことがわかるだけに、知らん顔されても、なじるつもりは毛頭なかった。

ところが森繁は、男としての筋を守って、わざわざメッセージをプロデューサーに託した。

《これは、何も俳優森繁久彌を売り出すというわけでもなく、組の若い人に強要されたわけでもありません。解散という決心は有形無形の社会への貢献です。今日の初心を忘れることなく、明日の設計へ邁進してください》

そんな内容だったけど、「強要されたわけではない」と、自分の意志であることを強調している。たいした人物だと感心した。

周知のように森繁は、映画『三等重役』『社長シリーズ』『駅前シリーズ』で人気を博した。シリアスな役柄もこなし、やがて昭和・平成を代表する国民的名優になっていく。飄々としていて、女優は森繁に尻を撫でられても笑って許したと言われる。これはひとえに、外見は柔にして内面は剛という品位が彼に備わっていたからじゃないかな。世間の狭い常識や評判にとらわれないところが森繁の男気ということになる。「筋を通す」と口で言うのは簡単だが、実行するのはなかなか難しい。「損得」と「筋を通す」は往々にして相反するもので、筋を通せばたいてい損をすることになっている。森繁だって、解散式で俺に筋を通したことは男として立派だけど、俳優としても一市民としても、これはマイナスだ。

だからシカトしたっていいし、俺に気兼ねするなら「今回はちょっと勘弁」と、ひとこと断ってもいい。うまく立ち回る方法はいくらでもあったと思うけど、そうはしなかったところが森繁の男らしさだ。

「言い訳」は所詮、下品な悪あがき。男は引くか、居直るか、二つに一つ

言い訳は男が絶対にやってはならない一つだ

ことわざに『盗人にも三分の理』というのがある。「悪事を働いた者にも、それなりの理由はあるものだ」という意味から転じて、「どんなに筋の通らないことでも、その気になれば理屈はつけられる」と揶揄に用いられることが多い。盗んだこと自体よりも、それに対して理屈をつけることのほうが悪い――ということになるだろう。

「理屈をつける」とは、言葉を換えれば「言い訳」のことだ。自分が不都合なことをしでかしておきながら、何だかんだと言い繕って逃れようとする。見苦しいね。「言い訳」は、男が絶対にやっちゃいけないものの一つだと思っている。

先ごろ初入閣した某大臣は、週刊誌に〝パンツ泥棒〟として叩かれた。彼が三十歳

前後のころの話で、目をつけていた二十代女性の自宅に合鍵を作って忍び込み、タンスの中を物色したというんだな。詳細について被害女性の妹が犯行の一部始終を語っているのだから、これは勝負あり。

世間の誰もが、

「あいつ、盗ったな」

と確信しているにもかかわらず、某大臣は記者会見で、

「週刊誌にいろいろ書かれているが、そういった事実はない」

とか何とか言って完全否定してみせた。

これが「言い訳」の見本で、メディアもあきれるやら頭にくるやらで、

「地元雑誌にも書かれているじゃないか」

「地元では有名な話と聞いている」

と突っ込まれ、〝火に油〟になったのは周知のとおり。パンツを盗んだことを「下品な行為」とするなら、見え透いた言い訳は「下品な人格」ということになる。

猿は木から落ちても猿でいられるが、政治家は選挙で落ちればただの人になってしまう。だから政治家も必死で、スキャンダルを突っつかれれば、思わず「違う」と言

い訳をしてしまう。

兵庫県議の若い議員が、記者会見で政務活動費の不正支出を追及され、号泣したのは記憶に新しいだろう。何だかんだ言い訳をしていたが、都合が悪くなると号泣してしまい、世間はあきれ果てた。

衆議院の若手代議士も、未公開株購入をめぐる知人男性とのトラブル、それに続いてイケメン男性俳優との同棲、さらに未成年男性を買春したなどとするスキャンダルを週刊誌に報じられたが、これも即座に否定してみせた。

あるいは北海道を選挙区とする政務官の熟女代議士は、妻子ある同僚議員との〝不倫路チュー〟が発覚。世間の顰蹙《ひんしゅく》を買った。未亡人とはいえ、まだ五十代。亡夫は大臣を歴任し、その死後、遺志を継ぐということで政治家になっただけに、これはマズかろう。現場を押さえられたのでは、さすがに「違います」と言い訳はできないだろう。選挙区に帰って「お騒がせして申し訳ありません」と嗚咽まじりに詫び、報道陣にも涙を浮かべながら「軽率な行動を反省し、ご迷惑をかけた分を仕事でお返ししたい」と頭を下げて見せた。号泣しなかったのは、熟女の分別だろう。

ざっと思いつくまま最近の例をあげたが、これら「言い訳」を聞いて納得する人はいないだろう。次の選挙で落ちるとすれば、原因は行為そのものよりも、「言い訳は下品で醜態である」ということに思いが至らなかったことによる。

ドジを踏んだら、男が取る方法は二つしかない。すっぱりと責任を取るか、徹底して居直るか。どちらを選択しても度胸がいる。

卑しい品格の基準

かつて、三木武吉という政治家がいた。自由民主党結党による保守合同を成し遂げた最大の功労者だ。「ヤジ将軍」「策士」「政界の大狸」などの異名を取り、およそ「品位」とは程遠く見られているが、俺はそうは思わない。スキャンダルを衝かれ、並の政治家であれば立ち往生する場面で言い訳の一切をせず、堂々と切り返し、攻めた相手をたじたじとさせる。肝の据わった傑物《けつぶつ》なのだ。

武吉が憲政会から立候補して初当選した演説会でのこと。対立候補がこう言って武吉を批判した。

「名前は言わないが、某候補は家賃を二年分も払っていない。米屋にも一年以上ためている。このような男が、国家の選良として、議政壇上で国政を議することができるでありましょうか。この一事をもってしても、某候補のごときは、いさぎよく立候補を辞退すべきものと、私は信ずるのであります」

するとと、武吉は次の演説会場で、こう切り返した。

「某候補がしきりと、借金のあるものが立候補しているのはけしからんと、攻撃しているそうだが、その借金がある某候補とは、かく言う不肖この三木武吉であります。三木は貧乏ですから、借金があります。米屋といわれたが、それは山吹町の山下米屋であります。一年以上、借金を溜めていると言われたが、それはまちがいで、実は二年以上もたまっております。家賃もためているのは二年以上ではない。正確に言いますれば、三年以上も支払いを待ってもらっておるわけです。間違いはここに正しておきます」

会場は拍手と爆笑に包まれ、

「えらいぞ、借金王！」

と、聴衆から〝激励〟が飛んだのである。

あるいは、やはり総選挙の立会演説会で、対立候補の福家俊一が、

「戦後男女同権となったものの、ある有力候補のごときは妾を四人も持っている。か

かる不徳義漢が国政に関係する資格があるか」

と批判した。福家もまた「政界の寝業師」「政界の怪物」という異名を取るだけに、武吉の痛いところをついた。

ところが、次に登壇した武吉は、「福家」という名前に引っかけて、

「私の前に立った吹けば飛ぶような候補者が、ある有力候補と申したのは、不肖この三木武吉であります。なるべくなら、みなさんの貴重なる一票は、先の無力候補に投ぜられるより、有力候補たる私に……と三木は考えます。なお、正確を期さねばならんので、先の無力候補の数字的まちがいを、ここで訂正しておきます。私には妾が四人あると申されたが、事実は五人であります。五を四と数えるごとき、小学校一年生といえども、恥とすべきであります。一つ数え損なったとみえます。ただし、五人の女性たちは、今日ではいずれも老来廃馬と相成り、役には立ちませぬ。が、これを捨て去るごとき不人情は、三木武吉にはできませんから、みな今日も養っております」

と切り返して、聴衆の爆笑と拍手を呼んだ。

「事実無根だ！」

「法的手段を検討する！」

と、昨今の小物政治家のようなヒステリックで品格のない卑しい「言い訳」と比べれば、男としての器の違いを見せつけられるようだ。

そう言えば、元首相の吉田茂が寒空の下で選挙演説をしていると、

「オーバーを着たまま頼み事か」

と聴衆の一人がヤジったところが、吉田は平然と、

「外套を着てやるから街頭演説と言うんだ！」

と切り返し、聴衆の笑いを取ったりもしている。

政治家を〝反面教師〟とすれば、「言い訳」の本質が見えてくる。

「俺が悪かった」

と、さっさと見切って身を引くか、

「どこが悪い」

と居直って切り返すか、あるいは吉田のように矛先を変えてダジャレにして笑い飛ばすか。いずれにしても、「それは違う」と〝否定の言い訳〟で逃げようとはしないところは、さすがである。

他山の石とする品位なき隣国の〝将軍サマ〟

自分の体面だけで生きるとストレスが多くなる

二〇一五年の秋、北朝鮮・平壌の金日正広場で、朝鮮労働党創建七十周年の祝賀会が開催された。北朝鮮の祝賀会など、興味も関心もないのだが、たまたまテレビニュースでやっていた。で、やおら〝若き将軍サマ〟が壇上に颯爽と登場。その姿を見て、飲みかけのお茶を吹き出しそうになった。

(なんだ、あの頭は?)

諸兄もご存じのように、揉み上げと後ろを極端に刈り上げ、オールバックに撫でつけてあったのだ。

ニュースは世界中に配信されるから、億単位の人がテレビニュースを見て目を剥いただろう。アメリカのメディアは「世界最悪」「野蛮」と酷評したそうだから、俺だけじゃなく、世界中の人が「なんだ、あの頭は?」と思ったということだろう。

では、なぜ世界最悪にして野蛮な頭にしたのか。

そのとき俺が思ったのは、他国の人間を拉致しておいて知らん顔をする国のトップだから、頭のなかだけでなくヘアスタイルまでイカれている——というものだったが、後日、週刊誌が、あのヘアスタイルは健康状態に関係すると報じた。

「金正恩第一書記はストレスによって白髪が目立つようになったため、白髪の多い頭髪の裾の部分を剃ってしまうことにした」

というわけだ。裾の部分の白髪は染まりにくいから、剃り上げるということはじゅうぶん考えられるだろう。

だが〝将軍サマ〟の真骨頂はここからだ。

自分の都合を隠し、このヘアスタイルに「覇気頭《ペギモリ》」と名づけると、

「男性教師はこの頭にしろ」

と、北朝鮮全土に、お触れを出したのだそうだ。

察するところ、ロン毛は、ヒッピーやロックンローラーを持ち出すまでもなく、反体制と退廃の象徴とされる。となれば、その逆の〝刈り上げ頭〟は「体制的」で「覇

気」にあふれるという理屈になるのだろう。

逆らえば、収容所送りになるか処刑される国だから、教師たちは先を競って刈り上げにした。教師だけでなく、平壌の青年たちもこれに習ったというから、北朝鮮では「世界最悪」にして「野蛮」なヘアスタイルが大流行ということになっている。ついでながら、揉み上げの部分を斜めに剃り上げる「斜め覇気頭」というバリエーションもあるそうだから、悪い冗談にしか見えない。

金第一書記のストレスが発覚したのは、韓国政府が彼の健康状態を常にモニターしているからだそうだ。韓国と北朝鮮は休戦しているだけで、いまも交戦状態にあり、一触即発の危機をはらんでいる。金第一書記が健康を害するようなことがあれば北朝鮮軍部のクーデターも想定され、韓国は攻撃されるかもしれない。そんなわけで、韓国は金第一書記の健康状態には神経を尖らせているというわけだ。

朝鮮半島でドンパチが始まれば、日本もヤバくなるが、俺がどうこうできることじゃない。だから無関心とは言わないが、政治情勢よりも、〝将軍サマ〟のヘアスタイルのほうに目を惹かれる。独裁者がストレスに苦しんでいるというのも意外だが、男のあるべき姿を語る場合、金第一書記は〝他山《たざん》の石《いし》〟として参考になる。なぜなら、ストレスの原因は、妄想と、猜疑心と、優柔不断にあるとされるからだ。

決断できない本質は「二律背反」の迷いにあり

国際政治はヤクザ社会と同じで、弱肉強食。

北朝鮮は弱小組織だから、ヘタすりゃ大組織に食われてしまう。だから核兵器をチラつかせて、

「ウチにちょっかい出してみろ。ドカーンだぞ！」

と、〝将軍サマ〟は威勢がいいんだけど、シノギは苦しい。食うものもなくて組員は悲鳴をあげている。

それを見透かして、縄張りを接する韓国が、

「核兵器を破棄して手打ちにし、一緒にシノギしようやないか」

と持ちかけ、韓国のケツを持っているアメリカも「それがええやろ」と後押し。一方、北朝鮮の後見人である中国は、「お前、北朝鮮を何とかせんかい」と国際政治の場で責められているので、

「ウチがこれからもケツを見るから、核兵器を破棄したらどうだ」

と持ちかけているが、〝将軍サマ〟が煮え切らない。

なぜかと言うと、核兵器を手放すと言ったら自国の武闘派——つまり軍部が黙っちゃいない。ヘタすりゃ、クーデター。実際、北朝鮮が〝狂犬〟として一目置かれるのは核兵器を持っているからだ。自暴自棄になってミサイルを発射されるのがいちばんヤバイわけで、だからアメリカも韓国も強攻策をとりあぐねている。核を持ってなければ、ただの貧しい小国に過ぎない。

だが一方、組員たる国民は飢えに苦しんでいる。親分である〝将軍サマ〟としては経済を発展させ、国を豊かにしなければ組員たちの求心力が弱まり、支持を失う。これもヘタすりゃ、革命が起きるかもしれない。

核兵器の破棄かシノギか——。どっちを選択すべきか決断できず、〝将軍サマ〟は悩みに悩み、これが大きなストレスになっているというわけだ。

そして、ストレスは猜疑心を生み、寝首を掻かれるのではないかと〝将軍サマ〟は恐れ、側近を次々に粛清していく。名前は覚えちゃいないが、〝将軍サマ〟の叔父さんで、後ろ盾になっていた人間まで粛正するんだから、猜疑心とは怖いものだ。体重が何キロあるのか知らないが、ストレスによる暴飲暴食でブクブクに激太りしたとも伝えられる。

こうして見ると、〝将軍サマ〟でいるのも楽じゃないが、これはすべて決断できないことに原因がある。核兵器を手放すのはイヤだけど、シノギも大きくしたい。

「どうしよう、どうしよう、どうしよう……」

と決断できないでいるから、激太りし、白髪が増え、その結果、世界最悪にして野蛮なヘアスタイルの「覇気頭」になったという次第。

こうした迷いを「ビュリダンのロバ」と言う。一頭の空腹なロバがいて、左右にそれぞれ三メートル離れたところに桶が置いてある。片方の桶にはエサが、もう片方には水が入っている。

ところがロバは、エサを先に食べるべきか、水を先に飲むべきか迷い、決断できなかったため、エサも食べず、水を飲むこともできず、ただその場に立ち尽くすばかりで、とうとう餓死してしまう。

「ビュリタンのロバ」を笑ってはいけない。俺たちだって、楽はしたい、金は欲しいという二律背反のなかで迷い、迷いのなかでその場に立ち尽くし、溜息をついている。金はないが贅沢はしたい、健康でいたいが暴飲暴食はやめられない、権利は享受したいが義務を果たすのは嫌だ……。この思いに囚われたら、〝将軍サマ〟と同じ「ビュリダンのロバ」になってしまうのだ。

骨肉の争い
世襲に見る品位

トップリーダーの資質が幸と不幸を呼ぶ

家族の諍《いさか》いはよくあることだ。

裕福な家庭であれば、財産をめぐって骨肉の争い。貧しければ、親の甲斐性のなさを子が責めてみたり。人間関係の危うさは家族だって同じというわけだけど、端《はた》で見ている分には家族同士のトラブルは面白い。誉められたことではないが、世間とはそういうものである。

先ごろ、某有名家具の父娘が経営権をめぐって大バトルを演じた。ワイドショーが連日のように放送していたので、俺も観るとはなしに観ていた。創業家による企業の私物化や、経営権をめぐる創業家の内紛は珍しくないし、こうした〝経営的テーマ〟はワイドショーが競って取り上げることではないだろう。

ところが、この家具店の場合は、企業の知名度と、美形社長で独身の長女、そして一徹そうなワンマン親父の会長――となれば、まるでドラマの世界。視聴者である主婦の興味をそそるということなのだろう。

経営権を争った株主総会は長女の勝利に終わり、父親は会長を退いた。事の経緯については、メディアで散見する程度なのでよくは知らないが、株主総会で負けた親父が反転攻勢に出て、社長の長女を提訴したとか。「父娘バトル」の第二ラウンドだとワイドショーが煽っていた。

「父に訴訟まで起こされるとは思ってもいなかった」

「親がつくった会社をみんなで守っていこうとやったことを親に無にされて残念というか情けない」

と長女が主張すれば、父親は、

「屁理屈は大嫌いだ」

「なぜ私を会社から追い出すようなまねをしたのか」

声を荒げたという。

どっちが正しいかについては俺には関心がないが、「品位」ということから眺めれば、いささか考えさせられるところはある。

骨肉の争いはよくあることで、それぞれ事情もあるだろう。だから、この家具店の父娘がケンカするのはみっともないとは思わないし、品位がないとも思わない。だけど、それを世間に訴えるということになると、ちょっと違うんじゃないかな。

父娘がそれぞれ家庭内の事情をさらけ出し、

「私は悪くない、悪いのはあっち」

と暴露とアピール合戦を繰り広げ、世間の支持を得ようとしたのでは、いささか品位が問われるだろう。

このバトルを報じるテレビを見ていればわかるように、司会者やレポーターは真面目くさった顔で騒動の経緯を解説しているが、内心では面白がっていることが表情や言葉の端々によくあらわれている。父娘の売り言葉に買い言葉、非難の応酬に喜んでいるのはメディアであり世間なのだ。そのことに気づかないとしたら経営者としての資質が疑われるだろうし、ＰＲになると考えているとしたら消費者を見くびっていることになる。

俺は経営実務についてはシロウトだが、喫茶店やサパークラブ、さらに頼まれるまま八丈島のリゾートホテルを買うなどしてオーナーになったことはある。その経験から言えば、父娘のこのバトルは企業経営者がやることではあるまい。

父娘は好きで恥をさらけ出しているのだから、それはいい。だけど、従業員や下請けは世間から好奇の目で見られ、迷惑を被っていることだろう。父娘は口では「従業員には申しわけない」と言いながら、やっていることはその真反対。配慮に欠け、我田引水の自己主張ばかりしていると非難されても仕方がないだろう。

エラそうな言い方になるけど、会社は従業員の労働力で成り立っている。同時に、従業員の生活は会社によって成り立っている。会社と従業員は一体であると考えれば、名経営者であれ、立志伝の創業者であれ、会社を私物化したのでは品位を問われるのではないだろうか。

トップの度量を探る

相撲部屋では、女児が生まれたら赤飯を炊いて祝うと聞く。男児であれば、跡を継がせようにも、親方になるには関取（十両以上）でなければならず、芽が出なければ相撲部屋を継承できなくなってしまう。若乃花・貴乃花のように兄弟そろって出世するケースもあるが、これはめったにないこと。相撲部屋という財産を継承させていくということで言えば、男児はリスキーということになる。その点、女児であれば、関取になった弟子を婿養子に取ればいいわけだ。

ヤクザ社会は世襲ではない。組は血縁にある身内が継承していくものではなく、実力ある者がトップの座に就く。親分にしかるべき器量がなければ、組はたちまち他組織に侵食されてしまう。実子だからという理由だけで跡目を取れるほどヤワな世界ではない。

実子が跡目を取っている組織は、それは実子だから継いだというよりも、

「器量があって継いだ人間が、たまたま実子であった」

と思っていいだろう。

実際、頭《ず》ば抜けた器量でも備わっているならともかく、

「我が子だけはヤクザにしたくない」

と口にする親分は少なくない。

抗争は日常茶飯事で、殺《や》ったり殺られたり、長い懲役に行ったりで、組員を統率する親分は気の休まるときがない。好きで入った世界とはいえ、ヤクザ稼業は世間が考

えている以上に大変で、そんな世界に家族を巻き込みたくないと考えるのは人情というものだ。事務所と個人宅をきっちりと分け、若い衆を家にあげない親分もいる。だから実子に組を継がせず、カタギとして一般社会で働くケースは少なくない。

政界はその逆で、実子に選挙区という財産を継がせようとする。首のすげ替えのようなもので、選挙区が盤石《ばんじゃく》であれば、実子に政治家としての器量がなくても当選し、代々継承されていく。

ヤクザ組織と企業、政界を比較するのはどうかとも思うが、一つ言えることは、世襲を第一に考える創業家と政治家は、会社と選挙区を私物と考え、

「継がせば何とかなる」

という甘えがあるように思う。ヤクザ組織のように、厳しい世界であると認識していれば、「何とかなる」とは考えないからである。

こうして見て行くと、先の某大手家具の父娘バトルは、そもそもは娘に継がせたことに原因があるんじゃないかな。創業家で会社を継承していくため娘に継がせたところが、娘が意に反した経営方針をとったため、それに父親が怒った――という構図であるとするなら、会社の私物化と言われても仕方がないだろう。それぞれ事情はある

としても、親子が世間に向かって中傷し合ったり、裁判で争ったりするのは、品位ということからすれば、感心はしない。

世襲が悪いと言うのではないし、世襲に品位がないと言うのでもない。組織を財産と見なし、創業家が代々に渡って私物化する、そのことに品位がないということだ。

第四章　男の気位

出すぎた杭は打たれない。
臆するな

安易な謝罪は、卑屈であるに過ぎない。毅然たる態度が事態を動かす

どの世界でもナメられたら終わり

ヤクザは代紋でメシを食う。

ナメられたら最後、縄張りは他組織に侵食され、やがてメシの食いあげとなる。メンツにこだわり、メンツのために命を賭すのは、そういう理由による。

だけど、メンツがものをいうのはヤクザの世界に限らない。

いま問題になっている南シナ海がいい例だ。中国はここの岩礁を埋め立てて島と称し、周囲を自国の領海にしようとしている。他国の船舶や航空機が〝領海内〟に入れば、越境行為とみなすと脅かしている。たとえて言えば、共存共栄のため、どの組も縄張りとしない地域に勝手に事務所の看板を上げておいて、

「今日から、ここはウチの縄張《シマ》だ」

と喧嘩を売っているのと同じだ。

これを放置しておけば、

「看板を上げても何も言わないのは、認めたということだ」

と、勝手な理屈をつけて居直ることがハッキリしているので、アメリカが「航行の自由」を実力で示すためイージス艦を派遣し、

「ウチとやる気か」

と示威行為を見せている。

国際ルールについては、よくは知らないけど、満潮時に冠水する岩礁は島とは見なさないとか。したがって領海とは認められないと、日本政府はこれまで繰り返し主張してきたし、アメリカもアジア諸国も同様の非難をしてきたけど、中国は岩礁一体の領有権を主張してきた。

こういう状況のなかで、岩礁の埋め立てを継続すれば、力のない日本やアジア諸国はともかく、アメリカが黙っていないことは中国にもわかっている。わかっていながら継続するということは、アメリカを中国がナメたからだ。ナメないまでも、どこまでやってくるか腹を見ようとしている。アメリカが圧倒的軍事力で世界を制していた

時代には考えられないことで、莫大な国防費をつぎ込んで強国となりつつある中国の〝瀬踏み〟ということになるだろう。

挑発に対して、アメリカが口で非難するだけであれば、中国は一気にアジアを押さえにかかる腹だったと思う。国際政治にはシロウトだけど、縄張りをめぐるヤクザ社会の駆け引きという視点で見れば、俺にもよくわかる。国家もヤクザも、ナメられたら終わりということでは同じだ。

この現実が、日本の歴代政権はどこまでわかっているのだろうか。尖閣諸島をめぐる弱腰、北朝鮮による拉致問題についても打つ手なし、小笠原に大挙して中国のサンゴ密漁船が押しかけても手出しできない。ナメられるというのは、責任はナメた相手にではなく、ナメられた自分にあるのだ。

腹をくくって強気に出れば、事態は必ず動く

二〇一五年十一月、日韓首脳会談がソウルで行われた。三年半ぶりだそうだ。これほど長期間にわたって首脳会談が開かれないのは異常だと、テレビニュースは口をそろえていた。日本が何度も呼びかけ、それに韓国が応じたということだ。「歩み寄れ」

とアメリカの強い要請があったとも報じられているが、

「会いたくなければ結構」

と、なぜ突っぱねないのだろうか。

ヤクザ同士の交渉を〝掛け合い〟と言うんだけど、掛け合いは虚々実々の駆け引きで和解したがっていると見抜かれれば、相手はナメてかかって条件を吊り上げてくるし、トコトン勝負する気だと思われれば相手は折れてくる。要するに、交渉はチキンレースということだ。

ということは、「門戸はいつでも開いています」と日本がラブコールすれば、韓国にナメられるのは当然ということになる。

「会って下さい」

とお願いしているのだから、

「慰安婦問題で誠意をみせろ！」

とネジ込まれてもケツをまくれない。

「慰安婦問題については、日韓基本条約で話しがついているでしょう」

やんわり反論すると、

「じゃ、〝河野談話〟は何だ！」

と、さらにネジ込まれることになる。

日韓基本条約とは、日本が戦争の賠償金を韓国に支払うというもので、これをもって日本は一切の責任を取ったとする取り決めだ。

「河野談話」については、ことあるごとに韓国が持ち出すので説明は不要と思うが、河野洋平が官房長官だったとき（編集註：一九九三年）、十六人の慰安婦から聞き取り調査をし、慰安婦は日本軍の強制によるものであると認めた談話のことだ。強制連行の客観的な証拠はなく、そのことを河野は認めながらも河野は「強制連行は事実だ」と譲らなかった。

これによって、韓国はことあるごとに「河野談話」を引き合いに出して、

「公式見解で認めているじゃないか」

と、日本は突っ込まれることになる。

官房長官という立場での談話だから、これは政府見解になる。したがって「あれは間違いでした」とは言えないわけで、「河野談話」が歴代政府の足枷になり、日韓関係をこじらせることになる。

日本政府のやり方をみていると、「とりあえず謝っておけばいい」という姿勢が見える。「まあまあ、ここはひとつ水に流して」というやつだ。個人対個人ならそれでいいし、そうあるべきだと思うが、組織対組織はそうはいかない。

ヤクザの〝掛け合い〟という視点で見ると、

「ウチが悪かった」

と一言でも口にすれば、きっちりとオトシマエを取られてしまう。

「慰安婦問題が片づかなければ日韓関係の正常化はない」

と韓国が言うなら、

「ああそうかい」

とでも言って、放っておけばいい。「門戸を開いていますと、すり寄って行く卑屈な態度こそが問題だと思うのである。

腹をくくって強気に出れば、事態は動く。

たとえば、中国。

アメリカがイージス艦を南シナ海に派遣し、強硬な姿勢を見せるや、早々に両国の国防責任者が会談している。何が話し合われたか知らないが、対外的にはお互いが強気の発言をしつつ、落としどころを探り始めたものと思う。
いまから百年ほど前の明治三十八年、「日比谷焼き討ち事件」というのがあった。日露戦争に日本が勝利し、ロシアと講和条約を結ぶのだが、これが弱腰だとして日本政府は国民の非難を浴びた。講和条約反対の運動が各地で起こり、日比谷公園で開かれた反対集会に五万人もが集まり、警官隊と衝突して大乱闘になった。都内各所で交番に火がつけられ、戒厳令が敷かれた。

是非は別として、かつて日本人はここまで真摯に日本の将来を考えたのだ。政府が国際政治の場で右顧左眄《うこうさべん》ばかりしているなら、国民自身が立ち上がるべき時代を迎えているように思うのだ。

ハロウィンを楽しむ若者に問う。義憤に殉じる気構えはありや

日本の行く末を憂うことはない

十月三十一日のハロウィンは、年を追って賑わいをみせるようになった。市場規模と言われてもよくわからないけど、バレンタインデーを追い抜くのは時間の問題で、クリスマスに次ぐ市場規模として期待されているそうだ。

渋谷の様子をテレビニュースで見ていると、仮装姿の若者たちを「百鬼夜行《ひゃっきやぎょう》」と揶揄したコメンテーターがいて、思わず笑ってしまった。コスプレやカボチャのお面でゾロゾロと歩く姿は、なるほど〝百鬼〟の行進である。

渋谷はファッショナブルな若者の街になったが、終戦当時は街の八割を消失し、焼け野原にバラックの住居が建てられ、駅前広場にはびっしりと葦簀《よしず》張りの闇市が建ち並んでいた。俺たち不良は空きっ腹をかかえながら、ここを根城に新宿、銀座と遊び

まわったものだ。それから七十年が過ぎた。この歳月が長いのか短いのかよくわからないが、ハロウィンの賑わいを見ていると隔世の感があり、「平和」という二文字が脳裏をよぎる。

ハロウィンは異国の宗教行事であり、これをイベント化して無節操に飛びつく若者たちを批判する声もある。年配者の多くは眉をひそめていることだろう。気持ちはわからないでもないが、俺たちも若いころはクリスマスを楽しんだ。宗教行事であろうがなかろうが、盛りあがる理由があれば何だっていいのが若者だ。そのことを思えば〝百鬼夜行〟に目くじらを立てることもない。

だから、それはいい。

だけど、浮かれるのもバカ騒ぎも若者の特権であると同時に、既成社会のあり方や価値観に対して憤るのもまた、若者の特権ではないだろうか。幕末の松下村塾を持ち出すまでもなく、若者は日本の行く末を憂い、ときの政権に社会に怒り、そのエネルギーを行動に移した。

幕末の明治維新に至る過程において、「桜田門外の変」というのがあった。江戸幕府の大老・井伊直弼が江戸城の桜田門付近で元水戸藩士らに暗殺された事件だ。かいつまんで経緯を記すと次のようになる。

ペリー率いるアメリカ艦隊の来航によって、幕府は開国か攘夷（外敵を斥ける）かの決断を迫られる。曲折を経て、井伊直弼は日米修好通商条約に調印し、開国を断行するのだが、これに攘夷派が反発。不平等条約であること、朝廷の許可を得ていなかったことから、「天皇を尊び開国に反対する」という尊王攘夷運動が全国に広まっていく。

これに対して、井伊直弼は権力をもって反対派を弾圧する。これが「安政の大獄」である。吉田松陰も死罪になる。そして一八六〇年三月三日朝、雪に見舞われた江戸桜田門外で井伊直弼は襲われ、首を刎ねられる。襲ったのは水戸浪士たちだった。藩に迷惑がかかってはいけないと、脱藩しての行動だった。

彼ら浪士たちは、いまの若者と同じように酒を飲んでドンチャン騒ぎもすれば、青春も謳歌した。当時、ハロウィンが流行っていれば、カボチャの面をかぶったかもしれない。だが一方で、彼らには日本の行く末を憂う「義憤」があった。是非は別として、「義憤」がテロや暗殺として結実するのは歴史に見るとおりだ。

いつの時代も若者によって時が動く

一国のトップを狙う暗殺事件は、アメリカが件数で頭抜けている。過去の政治テロを思いつくままふり返ってみるだけで、それは一目瞭然だ。奴隷解放を推進したため南部の奴隷財閥に暗殺されたリンカーンを筆頭に、ガーフィールド、マッキンレイ、そしてケネディーと続く。暗殺未遂はセオドア・ルーズベルト、フランクリン・ルーズベルト、ニクソンそしてレーガンと続き、大統領暗殺事件は未遂を含めて九件。これは歴代大統領の四人に一人が狙われた計算になる。

わが国ではどうか。

まず、明治の元勲である伊藤博文（初代内閣総理大臣）。満州国ハルピンのプラットホームでロシア兵を閲兵中、安重根（韓国人）の凶弾に倒れた。伊藤博文が韓国統監であったことから、韓国の敵として暗殺された。安重根は、いまも韓国の英雄になっている。

大正に入って総理大臣の原敬が暗殺された。一九二一（大正十）年十一月四日午後七時二十五分、原首相は京都で開かれる立憲政友会京都支部大会へ向かうため、東京駅乗車口（現、丸の内南口）の改札口に向かって歩いていた。そこへ短刀を持った若者が突進してきて右胸を刺す。原首相は即死。傷は右肺から心臓に達していたという。

犯人の中岡艮一《こんいち》は山手線大塚駅の職員で、十九歳。取り調べに対して、

「自分を犠牲にして原首相を暗殺すれば、社会を革新できると思った」

と自供した。原首相は平民宰相として国民の人気があったが、当時、疑獄事件が続出していた。中岡は、原首相が政商や財閥中心の政治を行ったと考え、凶行に及んだのだった。

昭和は政治家に対するテロが相次いだ。浜口雄幸首相は二十三歳の右翼青年・佐郷屋嘉昭に東京駅のホームで狙撃され、その傷が元で翌年死去する。佐郷屋さんについては前項で触れたように、安藤組解散のときに「解散する必要はない」と挨拶して、参列していたお偉方をびっくりさせた人だ。暗殺の理由は、浜口内閣が米英から一方的譲歩を強いられたロンドン軍縮会議の成立を積極的に推進したため、

「このままでは日本が危ない」

と、愛国団体が騒然とする時代背景のなかで起こったものだ。

次いで、同じく首相の犬養毅の暗殺。これは、海軍青年将校たちによるクーデター

未遂事件――いわゆる「五・一五事件」で凶弾に倒れた。五・一五事件とは昭和七年五月十五日に起こった事件で、

「国情が行き詰まり、国民の精神が廃退しきってしまったのは政党、財界、特権階級が国家を忘れ、私欲に走ったためだ。このままでは日本は亡びてしまう」

と断じた海軍青年将校らが首相官邸、警視庁、日本銀行などを襲撃した。

当時は政党政治が腐敗し、国民が政治家に対して反感を持っていた。犯人の将校たちに対する助命嘆願運動が巻き起こって、判決は軽いものとなった。

是非はともかく、国を憂い、一命を賭した彼らの純真な動機に対して、いまも理解者が少なくない。

そして、浅沼稲次郎社会党委員長の暗殺。一九六〇（昭和三十五）年十月十二日、東京都千代田区にある日比谷公会堂で、演説中だった浅沼委員長が十七歳の右翼少年・山口二矢《おとや》に壇上で刺殺される。

この日、日比谷公会堂では自民党・社会党・民社党三党の党首立会演説会が開かれ、二千五百人の聴取で埋まっていた。浅沼委員長は午後三時ごろ登壇して、自民党の選挙政策について批判演説を続け、

「選挙の際は、国民に評判の悪い政策は全部伏せておいて、選挙で多数を占むると」と言いかけた、そのとき、山口が壇上に駆け昇るや、刃渡り三十三センチの銃剣で浅沼の胸を二度、突き刺したのである。傷は深さ三十センチに達し、大動脈切断により、ほぼ即死状態で近くの日比谷病院に収容された。

現行犯逮捕された山口は十一月二日夜、東京少年鑑別所の単独室で、白い歯磨き粉を溶いた液で「七生報国　天皇陛下万才」の文字を監房の壁に書き残して自殺する。

また、テロではないが、陸軍青年将校たちが斎藤実（内大臣）、高橋是清（蔵相）、渡辺錠太郎（教育総監）らを暗殺して決起した一九三六（昭和十一）年の「二・二六事件」、戦後になってからは、ロッキード疑獄で、右翼の巨頭・児玉誉士夫邸にセスナ機で突っ込んだ若者などがいる。

法治国家において、彼らの行為は決して許されるものではないが、「義憤」に一命を賭した純粋性は評価したい。

「義憤」に限らない。電車内や路上で狼藉《ろうぜき》を働く者がいても、見て見ぬふりをする。助けを求めても知らん顔をする。

かつて日本男児は、「義を見てせざるは勇なきなり」として蔑んだ。仮装行列を楽しむのもいいが、男として是非を峻別《しゅんべつ》する気構えだけはなくして欲しくないと、ハロウィンにそんなことを思ったのである。

自分の流儀を貫く遊び方に見る「品位」

男はなによりも気位の高さが大事である

粋な客が少なくなったと、銀座の老舗ママが溜息をついていた。

「金を払うのだからワガママを言ってどこが悪い。イヤなら別の店に行くだけだ」

そんな態度が露骨で、

「俺は客だ」

と、ふんぞり返る手合いが多くなったと言う。

かつて〝銀座村〟は日本一の社交場で、ここで遊ぶのは功成り名を遂げた男か、交際費をふんだんに使える一流企業の役職に限られていた。だから「銀座で飲む」ということにステータスがあり、商売に成功して小金を握ると銀座を目指した。

「バカ騒ぎして、あんまりホメられた客じゃなかったけど、でも遊びは豪快でセコくはなかったわね」

と先のママは言う。

チップをバラまき、ホステスたちの喜色の笑顔を見ることに、彼らの多くは〝成功の証〟を求めたのだろう。不動産関係がパンクし、ＩＴ関連のオーナーに取って代わったが、それもいまは昔の話になってしまったとママの愚痴と溜め息はつづく。銀座はよくも悪くも、世相を敏感に映し出す鏡なのである。

そう言えば、先ごろ亡くなった山口洋子さんとは長いつき合いだったが、

「落ち目になったお客さんは店を出るときの背中でわかるのよ。背中に木枯らしが吹いているから」

と茶飲み話に語ったことがある。作詞家にして直木賞作家、銀座を代表するクラブ『姫』のオーナーママだっただけに、人間観察眼と、それを譬《たと》えた言い方はさすがだと感心したことを覚えている。

男の遊びは粋でなくてはならない。

粋とはやせ我慢のことだ。名誉を重んじる武士は、貧しくて食事がとれないときでも、満腹を装って悠々と爪楊枝を使って見せたことから「武士は食わねど高楊枝」と

いう諺がうまれ、男はなにより気位《きぐらい》の高さが大事であるとする。

「金を払うのだからワガママを言ってどこが悪い」

というギブ・アンド・テイクの処し方を野暮とし、金をつかってもそれをひけらかさず、謙虚な態度でいることが粋。遊びにおいて「男の品位」とは、粋であることを言う。

かつて、俺も銀座にはよく通った。いい女がいること、洗練されていること、そして客筋のどれをとっても、さすが銀座は日本一だと思う。だけど、それに釣り合うだけの「品位」を持って遊ぶ客となると、そうはいないものだ。

そんなかの一人に、友人のT社長がいる。T工業という鉄鋼関係の二代目オーナー社長で、彼が「ミスター銀座マン」であったことは、古い銀座関係者ならだれでも知っている。他界して久しいが、彼は若いころ、一時期だが遊んでいたことがあり、俺とはそれ以来の友人であった。

一緒によく飲み歩いたが、T社長は馴染みの店が多すぎるため、ちょこっと座って四、五軒まわるという遊び方だった。飲み代にチップを合わせ、ひと晩に二十万以上はつかっていた。昭和四十年代の二十万は、いまの貨幣価値に換算すれば百万ほどになる。それを日曜をのぞく毎晩、銀座にバラまいてくるのだ。余計な計算だが、いまの金で三億円ほどを銀座でつかっていた勘定になる。毎夜こうして銀座で豪遊するのは、ヤクザを別にすれば、俺はT社長しか知らない。

「会社を休むことはあっても、銀座に出ない日はないいんじゃないのか」

とカラかうと、

「銀座の空気を吸わないと、なんだか落ちつかないんだ」

と笑ったものだ。

社用族が大半の銀座は当時、会社宛の請求書送りにしていたが、T社長はいつも現金で支払っていた。なぜそうするのか聞いたわけではないが、遊んだ金を請求書という形にすることを野暮と考えていたのではないか。T社長の〝遊びの美学〟であり「男の品位」だったのだろう。

ブレないで生きることも「男の品位」に通じる

男である以上、女は好きだ。

T社長も嫌いじゃない。むしろマメと言っていい。年齢にしてはハゲるのが少し早かったが、彼ほどカツラの似合う紳士もめずらしかった。額にハラリとかかる髪の毛がニセものであると気づく者は、まずいなかった。オーナー社長で金払いがよく、粋で、紳士で、イケメンとくれば、モテないほうがどうかしているだろう。

デートは洋服など豪華なプレゼントつきで、お泊まりは都心の一流ホテルだったが、なぜかホステスに渡す小遣いは二十万円と決めていた。俺は気分屋だから、そのときどきで渡す金額はちがっていたが、T社長は徹底して定額にこだわった。察するに、「きれいに遊ぶ」ということを心がけていたからではなかったか。

女のほうから一夜をともにしたことをペラペラしゃべることはないとしても、狭い銀座村のことだから、いつバレないとも限らない。「T社長に口説かれた」と自慢したくなるホステスだっているかもしれない。ヘタに金額に差をつけたのでは、女に優劣をつけたことになり、自分のほうが金額が低かったとなれば、一夜の甘いロマンスは一転、逆恨みにもなるだろう。

だから常に二十万円と決めておけば、いつしか「T社長は二十万」という〝伝説〟になる。女性たちに優劣はつかず、したがって誰とも楽しい一夜になる――と考えてのことだったろうと俺は思っていた。

女遊びは面白い。だが、金銭が介在する世界は騙し騙され、虚々実々の駆け引きがある。それを承知で、どこまで楽しく遊べるだろうか。たとえばソープ嬢を相手にして、セックスだけでなく、その場限りの疑似恋愛を楽しむには醒めていてはできない。だが、のめりこめば身の破滅。「女遊び」と気安くいうが、粋に、そして品位をもって遊ぶのはなかなか難しいものなのである。

女遊びといえば、こんな口説き方もあるということで付記しておきたい。T社長のような財力があるわけでもなければ、イケメンでもない。容貌はワイルドにして、短軀の小太り。五十がらみのバツイチで、品位においても一見して劣る洋服屋の店主だ。

この店主が俺のところに出入りしていて、ワイシャツをオーダーしたりしていたのだが、刺繍する洗濯ネームを間違えたり、見本の生地と違うことがままある。

「ネームがちがうな」

「あっ、ホントだ！」

と、素っ頓狂な声を上げる。恐縮するでも、悪びれるわけでもない。これで商売になっているのは、彼の人徳ということになるのだろう。

それでいて、女にはマメなのだ。

「いま、このコとつき合っているんですけどね」

と、うれしそうにスマホの写真を見せてくれたことがある。なかなかの美人で、バツイチの子持ちだそうだが、二十四歳と若く、飲み屋で働いているとか。

「どうやって口説いたんだい？」

「それはもう、押して押して押して押しまくったんです」

と鼻をうごめかし、情熱で口説いた――といったようなことを自慢げに話した。

失礼ながら財力や風貌、品位から見て、押しただけで何とかなるような男ではないはずだが、現実にモノにしている。おそらくワイルドな風貌と、おっちょこちょいのところがアンバランスで、それが彼女に安心感を与えたのだろう。女は、こういうタイプの男にはつい無警戒になってしまうため、気安く接しているうちに次第に情にほだされ、いつのまにか自室にあげてしまうことになる。

見かけと処し方は、世間で言う「品位」とはほど遠いが、一途に自分流で口説くというのも、ブレないということにおいてT社長に相通じるものがあると、俺は思ったりもするのだ。

#「やってはいけないこと」という一線を持つかどうか。「品位」はここで決まる

矜持を持って「男の品位」とする

男にとって品位は、聖人君子であることを意味しない。カネは誰だって欲しいし、出世もしたいだろう。いい女を見ればムラムラとくる。頭にくればテーブルをひっくり返すこともあるだろう。

それが男だ。

自慢にもならないけど、これまでさんざん無茶をやってきた。女も取っ替え引っ替え抱いた。ガキのころは都内の留置場で知らないところはなかったし、組長時代は横井英樹襲撃事件で八年の刑を打たれ、前橋刑務所に服役もした。賭場を開帳し、用心棒をやり、あれやこれやのシノギで少なからぬカネも稼いだ。ヤクザ同士の抗争は日

常茶飯事で、寝るときは拳銃か女か、どっちかをフトコロに抱いたものだ。

だけど好き勝手に生きてはきたが、いささかの自負をこめて言えば、欲望のおもむくままに行動したわけじゃない。欲望にしたがって生きるのは畜生のすることであって、男の処するところではないという思いがある。聖人君子である必要はないが、それぞれの立場において、やっていいことと、やってはいけないことは厳しく峻別すべきだと思う。この処し方を矜持と呼び、矜持を以て「男の品位」としたい。

いま「ヤクザ冬の時代」と呼ばれる。当局の締めつけと長引く不況によってシノギはきついだろう。だからか、〝男を売る稼業〟らしからぬ事件が目につく。名の通った組の若い衆が振り込め詐欺で逮捕されたり、ヤクザであることを隠して生活保護を不正受給したり、臓器売買に関わったり、愛人を使って美人局をやってみたり。

シノギが苦しいのはわかるし、とやかく言うつもりはないが、「ヤクザとしてやってはいけないこと」――この一線を守れなければ、それはもはやヤクザとは呼ばない。「ヤクザである」ということは、その生き方が問われる。「男の品位」とは法律の埒外にあるもので、財力でも、地位でも、権力でもなく、「生き方」に殉じるかどうかにある。

教師の破廉恥事件があとを断たない。つい先ごろも、小学校の校長が駅のエスカレーターで女性のスカート内を盗撮して逮捕された。この校長は「自分の欲求に負けた」と供述したそうだが、こうした欲求は男なら自然のもので、行為そのものを下品とは思わない。下品であるとするのは、校長という立場――すなわち「生き方」に殉じる覚悟がなかったことを言う。

僧侶の破廉恥事件も多い。スカート内の盗撮はもちろん、児童買春、猥褻《わいせつ》行為など世も末の事件はたくさんあり、これは品位を問う以前の問題だ。海外においても、神父（牧師）の性犯罪はメディアが報じるとおりだ。警察官も同様で、諸々の事件については、あえてここに記すまでもないだろう。

こうと決めたら生き方を曲げてはならない

では、品位ある男の生き方とは、どういうものを言うのか。

俺が言うのも口はばったいが、たとえば清水次郎長なんかどうだろう。若いころは乱暴者として地元の〝鼻つまみ者〟だったが、バクチのケンカが元で相手を叩き斬って出奔。無宿人となって諸国をヤクザ修行に歩いたことで一端のヤクザに成長し、やがて街道一の親分と謳われるまでになる。

この次郎長が、明治時代に入ると社会活動を始める。新田開拓や開墾、油田の発掘事業など、次郎長みずから手にマメを作りながら鍬を振るう。晩年は船宿を経営するが、金銭には恬淡《てんたん》としていて、お金が入ると困窮者に惜しげもなく与えたと伝えられる。

次郎長は渡世人だから、好き勝手もすれば、でたらめもしたと思う。だけど、心の奥底に「弱きを助け、強気をくじく」という俠客魂があって、これが次郎長に鍬を持たせ、金銭に恬淡とする処し方をさせたのではなかったか。俠客としての生き方に殉じたという一点で、次郎長は品位ある男であったと言える。

良寛は「清貧の僧」として知られる。晩年は郷里・新潟に帰り、山間に草庵を結んで暮らしたという。何しろ越後の山腹だから、冬になると雪が積もる。身を切るような隙間風のなかで座禅し、和歌を詠み、書を認《したた》めたという。そんな良寛と、スカートの中を盗撮する〝現代坊主〟とを比べてどこが違うかと言えば、「僧侶という生き方」を貫く覚悟ということになる。

作家の新田次郎に『聖職の碑』という作品がある。映画にもなった。大正時代、学校行事の一環で、校長と教師の二名が生徒二十五名を引率して木曽駒ヶ岳に登山して遭難。十一名が亡くなるという事故を題材にとったものだが、このとき校長は自分が着ていた防寒具を生徒に与え、自分は命を落とす。教師としての使命と生き方に殉じた。この校長に、盗撮して「自分の欲求に負けた」と供述した小学校校長とを重ね合わせてみるとき、「男の品位」とは何かが見えてくることだろう。

大切なのは氏素性や外見ではない、誇りを貫くことだ

白州次郎といえば、身長百八十センチのイケメンで、芦屋の御曹司だ。ケンブリッジ大学留学でイギリス貴族たちと親交を結び、完璧なキングス・イングリッシュを身につけて帰国する。妻の正子は樺島伯爵令嬢で、後にエッセイストとして名を成す「白州正子」。樺山家を通じて、白州は吉田茂や近衛文麿と親交を深め、亡くなる八十三歳までポルシェのハンドルを握り、ゴルフに興じる。

サラブレッドのカッコよさとは、こういう人間を言うのだろう。洗練された英国紳士の振る舞いは「品位」の見本のような男で、いまもって人気だけど、何をした人間かというと意外に知られていないようだ。

白州は、連合国軍占領下の日本で吉田茂の側近として活躍した官僚で、資料によると、終戦連絡中央事務局次長、経済安定本部次長、貿易庁長官、退官後は東北電力会長などを歴任したとある。

だが白州の「品位」は、こうした氏素性や外見ではなく、日本人である誇りを貫いた、その姿勢にあると俺は思っている。

「俺たちは戦争に負けたかもしれないが、奴隷になったわけじゃない」

というよく知られた白州のセリフは、占領下において、何かにつけてＧＨＱの顔色をうかがう官僚や政治家の卑屈な態度に向けて言い放ったものだ。

あるいは、マッカーサーの〝懐刀〟であるＧＨＱ民政局長のホイットニー准将に会ったときのこと。

「ミスター・シラス、あなたの英語は大変立派なイギリス英語だ」

とホイットニーが〝上から目線〟で誉めると、白州はこう切り返す。

「あなたも、もう少し勉強すれば英語がうまくなる」

そんな白州を評して、ＧＨＱは「従順ならざる唯一の日本人」と本国政府に報告している。

一九五一年九月、白州はサンフランシスコ講和条約の会議に全権団顧問として、吉田茂に随行する。講話条約を締結して初めて戦争状態が終わり、日本が被占領状態からの独立を承認されことになる。日本にとって、歴史の大きなターニングポイントである。

首席全権であった吉田茂の演説は、日本外務省の役人が作成したもので、英文になっていた。

これに白州は激怒した。

「講和会議というものは、戦勝国の代表と同等の資格で出席できるはず。その晴れの日の原稿を、相手方と相談した上に、相手側の言葉で書く馬鹿がどこにいるか！」

怒鳴りつけるや、すぐさま日本語に書き直しを命じたのである。

随行員が手分けして和紙に毛筆で書き、つなぎ合わせると、長さは実に三十メートル、直径十センチという巨大な巻物になった。この原稿を会議で読み上げる吉田茂を評して、海外メディアは「吉田のトイレットペーパー」と揶揄し、朝日新聞の天声人語は「不思議な巻紙の勧進帳」と書いた。だが、この巻紙こそ、白州次郎の日本人としての矜持が込められていたのである。

やってはいけないこと、譲ってはならない、命を賭してもやり抜かなければならないこと。これを貫けるかどうかで、「男の品位」は問われるのではないだろうか。

角のある石は、ぶつかることで丸くなる。品位は、傲慢の行きつく先にある

出過ぎた杭は打たれない、臆するな

西の橋下徹君に、東の小泉進次郎君――。

好き嫌いはあるだろうけど、注目の二人であることは誰しも認めるだろう。

橋下君は大阪府政、大阪市政、そして国政で暴れたかと思えば、自身が創った維新の党をぶっこわしてみせ、二〇一五年十一月の大阪府知事選、大阪市長選の指揮を執って圧勝して見せた。

一方の小泉君は、野に放つより内閣に取り込んだほうが得策とした安倍政権に対して、「まだまだ雑巾がけが足りませんから」とメディアを通じて、内閣の一員になる意志がないことを言外に言い放ち、自民党農林部会長におさまった。

橋下君は旧来の権威に過激に噛みつき、小泉君は歯に衣着せぬ言動で自民党上層部

に臆するところがない。「生意気だ」とか「ケンカ屋だ」とか批判もあるが、それだけに期待する人も多く、

「出る杭は打たれるが、出過ぎた杭は打たれない」

という典型と言っていいだろう。四十六歳と三十四歳。「若造」と言う年齢ではないが、政治家としてはまだまだ若く、これからの人物である。

そんな話を、雑誌編集者にすると、

「批判したり噛みついたりで、もう少し謙虚になってもいいんじゃないですか」

と顔をしかめた。

「橋下徹は傲慢で、小泉進次郎は無礼」――と、そんな言い方をしたが、俺の見方はいささか違う。若いうちは大いに噛みつけばいい。傲慢でいい。無礼でいい。怖いものなしで噛みついてこそ、若者と言っていいだろう。

俺の若いときと、橋下、小泉両君と比ぶべくもないが、法政大学に入学したころは地球上に怖いものなしで、自分が一番エライくらいに思っていた。上級生が先輩ヅラしようものなら、その場で張り倒したものだ。

話は少しそれるが、俺が入学した昭和二十一年当時の大学は予科三年、学部三年の

計六年制となっていた。中学は五年制で「高校」というものはなかった。

「では、安藤さんの出身中学はどちらですか？」

と取材でよく質問されるのだが、俺の場合は先の項で触れたように、退学と転入であちこちの中学を転々としたので、出身校が判然としない。川崎中学校を振り出しに奉天一中、京王商業、智山中学とめぐり、多摩少年刑務所を経て予科練（三重県津市）へと進んで、そこで終戦。出身中学校はどこだと問われても、返答に詰まるというわけだ。

予科練は文武両道で、勉強も徹底的に叩き込まれ、それなりの学力は身についていたし、特攻隊帰りはお国のために命を捧げたということで、大学には優先的に入れてくれた。法政予科があった東横線の工業都市（武蔵小杉）まで、仲間と連れだって毎日通ったものだ。勉強しに行ったんじゃない。食糧難の時代、とにかく学校の食堂に行けば、ふかしたサツマイモかうどんにありつけたからだ。

角のある石は、ぶつかって丸くなる

さて、そんな時代のことだ。

戦後の混乱期とあって、渋谷駅前の広場にはびっしりと葦簾《よしず》ばりの闇市が立ち並んでいた。渋谷で少しばかり顔が売れ始めた俺は、例によって友人と食堂でたむろしていると、どかどかと数人の男が入ってきた。

「おい安藤、先頭の方は空手部のＯＢだ」

友だちが俺に耳打ちすると、素早く立ち上がり、

「先輩、これが今度入学した安藤君です」

と最敬礼で紹介した。

ところが、そのＯＢはオレを一瞥《いちべつ》しただけで、

「おう」

と、そっくり返ったのである。

この態度にムカッときた。無言のまま、目の前にあった大皿の縁を持って野郎の額をビシッと斬《はす》ったのである。ＯＢとやらは額から鮮血を吹き出して床にブッ倒れ、俺は椅子でめった打ちにした。

どうして、こんな自慢にもならない話を書いたかと言えば、若いうちは徹底してツッパるべきだと思うからだ。角のある石は、あっちにぶつかり、こっちにぶつかりして

丸くなっていくように、ぶつかることのない石は尖ったままだ。石の丸みをもって「品位」と呼びたい。もっとも俺の場合はあちこちぶつかりながらも、いまだ角が取れないでいる。雀百まで何とやらと言うが、品位を備えることなく尖ったままでいくのだろう。

ぶつかると言えば、余談ついでに、そのころこんなことがあった。夕刻の銀座を不良仲間とブラついていたときのことだ。ひと目で土地の不良とわかるモダンボーイが、

「失礼ですが、安藤さんでしょう？　私は銀座のTというもんです」

と、にこやかに挨拶してきた。

「別に用事というわけじゃないんですが、お暇でしたら、お近づきにちょいとおつき合い願えませんか」

一杯、御馳走したいというわけだ。

（俺も顔がよくなったもんだぜ）

と、気分が悪かろうはずがない。

その野郎は俺たちを開店前のバーに案内したのだが、

「申し訳ありませんが、ちょいとお待ちください」

といって出ていったと思ったら、入れ替わるように五、六人のヤクザもんが日本刀にハジキで乗り込んできた。

「安藤、ザギンあたりへきたら、あまりでけえ面して歩くんじゃねえ」

素手の俺たちは、ボロ雑巾にされてしまった。こうした経験を積んで、男は一つずつ世間というものを知っていくのだ。

俺の舎弟たちが〝道具〟を用意して銀座にすっ飛んだが、Tはずらかったあとだった。翌日から、サングラスで目の縁のアザを隠し、フトコロに32口径のブローニングを抱いてTを捜しまわったが、行方はようとして知れなかった。あとで知るのだが、Tは警視庁の巡査になっていた。彼は考えた末、日本でもっとも安全な〝桜田門一家〟にゲソをつけたというわけである。

そんな人生を歩みながらも結局、俺は丸い石にはなれず、品位には遠く及ばないまま馬齢を重ねて今日に至る。橋下徹、小泉進次郎という東西の両君は、これからどんな石に変形していくのか見守っていたい。

第五章　男の一言

過去があって現在がある。
どう生きたかが大事だ

逃げず、釈明もせず。責任に殉じることをもってトップの責務とする

責任の取り方に「男」を見る

不祥事によって組織が非難にさらされたとき、トップのとるべき道は一つ。弁明の一切をせず、潔く腹を切ることだ。

言いたいことは山ほどあるだろうし、下の人間がやらかした不始末であれば、自分は悪くないという思いもあるだろう。腹も立つ。名誉と責任にかかわるだけに「聞いてくれよ」――と言いたくもなる。

だけど、自分がどんなに正しくても、しかるべき立場にある人間は弁明をしてはならない。なぜなら、組織に対する批判や非難は、

「原因は何であるか」

ということよりも、

「誰がその責任を取るのか」

ということに世間の関心が集まるからだ。

「起こったことは仕方がない。だからこれ以上は追及しないが、このことについて誰かが腹を切らなければ幕引きにはできない」

これが日本人のメンタリティと言っていいんじゃないかな。

どんな極悪人であろうとも、死をもって償えば「死者にムチ打たず」として赦《ゆる》すのと同じで、「一切の責任は私にある」と潔い態度を見せれば世間も納得する。逆説的に言うなら、トップとは、

「責任を取って腹を切るために存在する」

と言っていいだろう。

だから責任を回避し、地位に恋々とし、醜態をさらした末に座を降りれば、

「ざまみろ」

と嘲笑される。当人も組織も傷つくのはもちろん、幕引きにはならず、非難の火の手はますます燃えさかっていく。

政治家の不祥事が露見するたびに、

「秘書が、秘書が」

と秘書のせいにすることが一時期はやった。世論の糾弾を浴びてからは「監督責任を痛感しております」と詫びて見せるようになったが、なんのことはない。「悪いのは秘書」ということを言葉を変えて言っているに過ぎない。

「辞職するのか？」

と問われると、

「政治家として職務を遂行することが私の責務です」

と、子供だましのようなことを言っているようでは、品位の欠片《かけら》もあるまい。後援会や政党の都合もあるだろうし、政治家が辞職するということはそう簡単でないことを承知しながらも、品位ということで言えばそういうことになる。

いい例が、東京五輪・パラリンピックだ。新国立競技場の建設計画と公式エンブレムが、一度は決定しながら批判が噴出して白紙撤回になった。経緯についてはここでは繰り返さないが、このとき責任を取るべきトップは誰であったのか。

しかるべき立場にある人間が、「俺じゃない」と責任を頬っかむりし、首をすくめた亀になってしまった。これに世論もメディアも怒り、大バッシングになったのは周知のとおり。

「責任を取る」

と口で言うのは簡単だが、地位も名誉も、ときに命さえ投げ出すこともある。立場が上になればなるほど、あるいは背負う組織が大きければ大きいほど、それにつれて責任も大きくなっていく。企業だけでなく、ヤクザ組織だって、大きくなればなるほど組長の責任は重い。不始末について四の五の言い訳すれば、そのことが嗤《わら》われる。言い換えれば、事ここに至ったとき、どう責任を取ってみせるかで、男の値打ちと品位が問われるということになる。

言い訳をせず、運命に従う潔さ

元総理で、広田弘毅という男がいる。

極東国際軍事裁判（東京裁判）において絞首刑に処せられた七人のA級戦犯のうちの一人だ。「東京裁判」とは、米英ソなど戦勝国による軍事裁判で、敗戦国の日本が裁かれた。裁判とは言いながら、敗者にのみ戦争責任を問うのだから、勝った者による〝生贄裁判〟と言っていいだろう。
絞首刑になったA級戦犯は、次の七人だ。
東條英機（首相、陸軍大将）
板垣征四郎（陸相、陸軍大将）
土肥原賢二（奉天特務機関長、陸軍大将）
松井石根（支那方面軍司令官、陸軍大将）
木村兵太郎（陸軍次官）
武藤章（第14方面軍参謀長、陸軍中将）
広田弘毅（元首相）
見てのとおり、他の六名が軍のトップであるのに対して、広田弘毅はただ一人文官である。外交官から総理大臣に登りつめ、総理退任後も御前会議や重臣会議に出席するなど国政に重きをなしたが、戦争に反対の立場をとったことから、軍部と対立関係にあった。広田が無罪を主張すれば極刑は免れただろう。事実、広田を担当した外国人弁護士は「本当のことを言えば重い刑になることはない。そうしなさい」と説得している。

だから広田が、

「私は戦争に反対しました、私は悪くない」

と主張することはできたし、その主張は受け入れられた可能性が高い。東京五輪の一連の不祥事に関わった連中であれば、きっとそうしたであろう。

だが、広田は一切の弁明をしなかった。意に反した戦争であろうとも、戦争を止められなかったということにおいて忸怩《じくじ》たる思いがあったのだろう。

「私は悪くない」

と無罪を主張すれば、論理的に「悪いのは××だ」ということになり、他人に罪を着せることになる。そのことを広田は政治家として潔しとしなかったのである。

そして、判決。被告人たちはアルファベット順に呼ばれ、六番目に法廷に入った広田に対して、ウェッブ裁判長は、

「デス・バイ・ハンギング」

絞首刑に処する——と宣告。広田は静かにイヤホンを外すと、記者席の隅にいる二人の娘に微笑を送って立ち去った。

判決は十一人の判事団で票決された。三人が無罪、二人が禁固刑をそれぞれ主張。

オランダのベルト・レーリンク判事にいたっては、

「広田が戦争に反対したこと、そして彼が平和の維持とその後の平和の回復に最善を尽くしたということは疑う余地が無い」

と明確に無罪を主張したが、結局、六対五という、わずか一票差による死刑判決であった。

キーナン主席検事も、

「なんという馬鹿げた判決か。どんなに重い刑罰を考えても終身刑まではないか」

とコメントしているが、キーナンは戦争責任追及の強硬論者で、被告のA級戦犯たちにに対して、「彼らは誰一人として人類の品位というものを尊重していない」と罵倒するような男だが、そのキーナンでさえ、広田の死刑判決は意外だったということだ。このことからもわかるように、広田が「私は戦争に反対した、悪くない」と声を大にして訴えていれば、命は助かったことだろう。


広田の妻静子は、右翼の源流と言われる政治結社・玄洋社の社員の娘であった。広田も中学時代は玄洋社の道場で柔道を習っているし、青年時代には聴講もしている。GHQ（連合国総司令部）のノーマン調査分析課長は玄洋社について、「日本の国家主義と帝国主義のうちで最も気違いじみた一派」と断じているように、玄洋社との関わりが裁判に影響したという見方もある。

だからか、妻の静子は東京裁判開廷前に自殺している。国粋団体の幹部を親に持つ自分の存在が夫の裁判に影響を与えると考えてのことだったとされる。

それでも広田は責任に殉じた。「私は悪くない」という思いを呑み込んだまま、それを一言も発することなく死んでいったのだ。

勝ってはしゃぐのは犬猫に同じ。敗者を思いやる心なきところに、品位はない

敬意を持って臨むこそが男の闘い

リップサービスは、プロのスポーツ選手にとって大切なものだ。ことに格闘技となると、チケットを売る都合もあるし、テレビの視聴率にも影響するので、リップサービスは大事。メディアもこれを煽るし、選手の舌戦も試合の楽しみの一つということだ。舌戦がヒートアップして、両選手が剣呑な雰囲気になれば試合は盛りあがる。

それはいいんだが、たまに気になる〝煽り〟を耳にすることがある。

たとえば、世界タイトルマッチを戦う若いボクサーが、

「あんなの、たいしたことない」

と、対戦相手を見下すようなことを平気で口にする。

リングで殴り合うのだから、お互いが牙を剥くのは結構なことだが、対戦相手を貶《おと》めたのでは、天にツバする行為になりはしないか。

「あんなの、たいしたことない」

と言ったのでは、「おまえは、たいしたことない相手と戦うのか」ということになってしまう。

「あんなロートル、ジャブなしで勝てるぜ」

と言ったのでは、「なんだ、そんな相手と戦うのか」ということになってしまう。

自分では「俺は強い」と豪語しているつもりだろうが、相手を貶めてアピールしたのでは結局、自分を貶めることになる。だから観客は選手に対して畏敬の念をいだくどころか、闘犬の試合を見るような〝上から目線〟で観戦するだろう。凡庸な試合をすれば汚いヤジが飛ぶ。観客はもちろん、選手もまた「品位」とはほど遠くなる。

そう考えていくと、舌戦は相手を貶めるんじゃなくて、うんと高みにあげること。

「ヤツは強い。だが、勝つのは俺だ」

と相手を高みにあげておいて、

「それでも倒してみせる」
と牙を剥いてこそ、自分もまた高みにあがることができるということになる。

かつて剣豪は、立ち会いに臨んで、お互いに礼をして敬意を表した。これから命のやりとりをする相手に敬意を表するなど、考えてみればおかしなことだが、そうではない。

敬意を表するということには、二つの意味がこめられていると思う。

一つは、命を懸けて戦ってくれるということに対する敬意。自分が相手を殺すか、相手に自分が殺されるかわからないけど、どっちにしろ、「よくぞ命を懸けて対峙してくれた」という意味での敬意。

もう一つは、
「それほどの強い相手と戦うということに、自分は誇りを持っている」
という意味での敬意だ。

このことは、武士が弱い百姓と戦うことを思い浮かべてみればわかるんじゃないかな。百姓に敬意を表する武士はいない。相手に敬意を表さないということは、「表するに値しない相手」ということになり、そんな相手と戦うことは自分を貶めることになる。天にツバする行為とは、そういうことを言う。敵に礼と敬意をもって臨む。これが日本男児の美学であり、品位だろうと俺は考える。

日本人が世界に誇る美徳「惻隠の情」

二〇一五年は、日本で高校球児たちによる『U—18ベースボールW杯』が開催された。夏の甲子園を沸かせた清宮幸太郎君やオコエ瑠偉君の人気もあって大いに注目された。俺も高校野球は嫌いじゃないので、テレビ観戦をした。日本は惜しくも準優勝に終わり、米国チームが優勝したわけだけど、その米国球児たちに対して、

「目に余るゴーマンぶり」

と批判したメディアがあった。

確かに、米国球児は喜怒哀楽を前面に出していた。二次リーグの韓国戦で最終回に逆転したときは、肩を落とす韓国チームの前で歓喜の嵐だし、相手チームを挑発するパフォーマンスもあった。最後まで節度をもって戦った日本球児とは対象的で、相手チームに対する敬意は感じられない。こうした態度をメディアは「不遜」として非難したわけだけど、米国球児にそれを言っても理解はできないだろう。

「勝って喜んで、どこが悪いんですか？」

と首をヒネるだろう。

「対戦相手を挑発するのも作戦のうちでしょう？」

と、非難に対してあきれてみせるだろう。

要するに文化の違いということだ。米国では許されても、日本でそうした態度は「下品」とされるというわけだ。

古来より日本には美徳の一つして《惻隠《そくいん》の情《じょう》》というものがある。「他人のことをいたましく思って同情する心」のことで、現実には相手に対する敬意――すなわち、負けた相手を思いやる心と言っていいだろう。儒教によってもたらされたものだが、当の中国を引き合いに出すまでもなく、「惻隠の情」は日本の精神風土のなかで「男の品位」に昇華したものだ。

《武士の情け》も同じだ。ひとたび干戈《かんか》を交えれば、相手を殺すという非情さが武士には求められる。そうしてこそ武士だが、相手の名誉や誇りは尊重する。切腹における介錯は、腹を捌《さば》いた苦しみで醜態をさらさないよう配慮する。死後、丁重に葬ったり、最後の願いを聞き届けたりもする。《武士の情け》とは、「非情であるべき武士が、同じ武士に対してかける最後の憐れみ」のことだが、これは《惻隠の情》に相通じる。また《勝って奢らず》という言葉があり、これは「油断してはならない」という戒めと受け取られているが、同時に「負けた相手の前で歓喜することの不作法」をたしなめている。

繰り返しておくが、米国球児を非難しているのではない。勝てば歓喜し、負ければ悲嘆するのは、西洋ではごく自然のこととする。だから米国球児は何ら悪くもなければ、下品でもない。

日本人は違う。勝ってはしゃぎ、負けて泣くのは犬や猫と同じで、品位に欠けるとする。是非ではない。それが日本人の価値観であり、処し方であり、美学なのだ。

ロンドン五輪のサッカー女子準決勝で、日本はフランスと戦って勝利した。このとき、主将の宮間あやが試合後、敗戦のショックで座り込むフランス選手に歩み寄って肩に手を置いた。「武士」は男だけでないということを、彼女の姿に見た。

信用は得るに難く、失うは易し。だから「人生の財産」と呼ぶ

契約書よりも重い「男の一言」

東芝の粉飾決算、フォルクスワーゲンの排気ガス測定違法ソフト、東洋ゴムの耐震データ改竄《かいざん》、三井不動産グループの杭打ち工事データ転用――。企業の不正が相次いでいる。それもみな、社会的信用の高い一流企業だ。総会屋が商法改正によって締めつけられたとき、名の知れた総会屋が、

「俺たちを閉め出したからといって、企業の不正がなくなるわけじゃない」

と冷笑したものだが、まさにそのとおりだ。

いや、むしろ総会屋に攻撃されにくくなったぶんだけ、企業の不正は増えていると考えるのが自然じゃないかな。

とは言え、「企業の不正はけしからん」と言える立場に俺はない。ヤクザ時代のシ

ノギは違法なものがほとんどだった。終戦直後の不良時代は、米軍二世と組んで進駐軍物資の横流しをやったり、台湾系の外国人グループが開帳する賭場の用心棒をやったりもした。安藤組を創設してからは自前の賭場を開き、富裕層や社会的立場のある客を集めたり、縄張りにしていた渋谷のカスリを取ったり、抗争したりと、忙しい毎日だった。

だから、企業の不正に目くじら立てるほど野暮じゃない。ビジネスは金が動くから、不正とまではいかなくても、ある程度のチョロまかしはあると考えるのが普通だろう。ヤクザのシノギにくらべれば、紳士的ですらある。

だけど、非合法のシノギはしてきたが、ウソをついたことは一度もない。ごまかしたことも、相手をダマしたこともない。俺が聖人君子だからではない。男は「信用」で世間を渡っていくものだと思っているからだ。

ヤクザは、自分の一言に命を懸ける。契約書よりも「男の一言」に重みがあった。

「わかった」

とうなずけば、何が起ころうともそれをやりとげてみせる。

「いやだ」

と首を横に振れば万金を積まれても寝返ることはない。ヤクザのすべてがそうだとは言わないが、しかるべきヤクザの一言は千鈞《せんきん》の重みがあるものだ。

そして、このことは社会の表と裏とを問わない。非合法のシノギをやっていようとも、信用のある男には品位があり、どんな社会的地位に就いていようとも、不正を働く男はゲスと呼ぶのだ。

品位の対局にあるもの

一九五八（昭和三十三）年六月、安藤組による「横井英樹襲撃事件」が起こる。

詳細は割愛するが、俺が交渉に出向くと、横井が非礼な態度をとったため、舎弟に命じて横井を撃たせた。命は取り留めたが、大捜査網が敷かれ、これを契機として警視庁に捜査四課――いわゆるマル暴が創設されることになる。

拳銃を弾くのだから、違法性ということで言えば、企業の不正より罪は重い。社会的な通念からすれば、品位の対極にある行為だ。実際、八年の刑を打たれたが、それでも俺は違法行為であることは認めながらも、天として恥じるところはなかった。自分が正しいと言っているのではない。法律の抜け道を探して歩き、弱い人間を泣かせているることが許せなかったのである。

俺に自慢できることはない。謙遜でも何でもない。勤勉とはほど遠く、努力とか根性とか鬱陶しいことは願い下げ。そのくせ、いい女と見ればすぐに口説きにかかる。そんなワガママな生き方は、反面教師にはなっても人様に自慢できるものは何もないが、ただ一点――「信用」ということだけは、いつも心にとどめていた。

繰り返しておくが、俺の言う「信用」は、合法・非合法、社会の表裏、職業の貴賎を問わない。ヤクザはヤクザ社会での信用、ビジネスマンはビジネス社会の、芸能人は芸能界の、そしてコジキはコジキ社会での信用が大事であるということだ。カッコつけて精神論を言っているのではない。どんな世界であれ、信用を得れば食いっぱぐれがないという現実を言っているのだ。言葉を換えれば「信用は財産」ということなのである。

では、信用とは何か。

信用とは、自分を律する厳しい処し方である

こんな話がある。

ある寺の住職が、檀家から相談を受けた。ヤンチャをやっているセガレに、ひとつ説教をしてやってくれませんか——というわけで、住職はセガレを呼んで話をするのだが、会うなり、こう切り出した。

「お前さん、男として信用はあるかの?」

するとセガレは鼻で笑って、

「あるに決まってんじゃん」

と答える。

「ほう、そうか。じゃ、その信用とやらを取り出して、わしに見せてくれんか?」

これにはセガレは目を剥いて、

「そんなの、見せられるわけないじゃん」

「見せられないのに、どうして信用があると言えるんじゃ?」

「どうしてって……」

口ごもるセガレに、住職が言う。

「信用というものはな、ほれこのとおりと、フトコロから出して見せられるもんじゃない。信用があるかないかはおまえさんじゃなく、周囲の人間が決めることじゃ」

と諭し、セガレも感ずるところがあったのだろう。大きくうなずき、ヤンチャがおさまったという。

信用に理屈はない。

「あいつは信用できる」

と周囲が言えば、それは信用があり、

「あいつは信用できない」

と言えば、それは信用がない。

当たり前と言っちゃいけない。「信用がある」と周囲に認められるには、ウソをつかず、人を騙さず、利己的にもならず、つきあいを綺麗にして約束は寸分も違えないなど、自分を律する厳しい処し方が求められ、それを積み重ねた先に信用というものがある。

それでいて、信用を失うのは一瞬だ。酒に酔って、電車で女の尻をひと撫でしただけで、信用はガラガラと音を立てて崩れていく。ほんのちょっとしたウソで、営々と培ってきた信用を失ってしまう。

エベレスト登山と同じで、一歩一歩、信用という山頂に向かって登っていきながら、ちょっと油断すれば滑落してしまう。だから信用は人生の財産になるほどの価値があるのだ。

愛国心なきところに品位なし。言動は立場をわきまえよ

矛盾だらけの愛国心

ラグビーW杯二〇一五イングランド大会で、日本代表チームが強豪の南アに競り勝った。「奇跡だ」と世界のメディアが称賛し、日本ではルールもよく知らないような人たちまでもが声援を送った。同胞として胸躍るものがあり、ラグビーにさして関心のなかった俺もテレビで楽しませてもらった。

オリンピックを筆頭に国際スポーツが人気なのは、他国と勝敗を競うことでナショナリズムが刺激されるからだ。ヒトラーは第二次世界大戦前の一九三六年、ドイツで開催されたベルリン五輪を「民族の祭典」と位置づけ、ナチス・ドイツの国威発揚を図っている。

それほどにスポーツは国民の気持ちを一つにする。

日本人も、サッカーやアイススケート、スキー、陸上、卓球、野球、テニス、水泳など、日本人選手が活躍する世界大会では必ず「ニッポンコール」がわき起こる。テレビ局も高視聴率が見込めるため、放映権をめぐって激しい争奪戦になっていると仄聞する。

「ニッポンコール」の根底には「愛国心」がある。

いや、あるはずだ――というのが正しい表現かもしれない。なぜなら「愛国心」という言葉は、戦後から現在まで、ある種のタブーとされてきたからだ。「愛国心＝戦争」という先入観によるもので、それがいまも尾を引き、「ニッポンコール」がわき起こっても、それを「愛国心」という言葉で報じるメディアは少ない。

国家・日の丸・愛国心という言葉は右翼の象徴と見られる一方で、無邪気な「ニッポンコール」。これを矛盾と感じないところに「品位なき社会」を見る思いがするのは俺だけだろうか。大上段に振りかぶるわけではないが、戦後の日本が失った最大の精神的支柱は、愛国心――すなわち祖国を愛し、誇りに思う矜持だろうと思うのだ。

戦後七十年の節目に当たる二〇一五年、世界注視のなかで、安倍晋三総理が「総理談話」を発表した。未来志向を強調しつつも、過去の戦争に対する反省を述べた。

戦争は罪悪であることは言うまでもない。だけど国際社会は弱肉強食で、領土と資源のブン捕り合戦だから、ヤクザが縄張りを争っているのと実体は同じ。かつて大英帝国を筆頭にフランス、スペイン、ポルトガルは自国の繁栄のため、世界を武力で植民地化していったし、遅れをとったアメリカも、旧ソ連も、国益を旗印に巻き返しを図った。

つまり、戦争に至るには、至るべき経緯がある。それも利害が複雑に絡み合い、合《がっ》従連衡《しょうれんこう》を繰り返し、隙あらば大義名分を立てて侵攻する。そして〝戦争犯罪〟の名のもとに、戦勝国が正義ヅラをして裁く。これも歴史の教えるところで、負けた国は重い賠償を背負わされる。言い換えれば、賠償というペナルティによって戦争責任は果たされたということになる。

中国と韓国の日本叩きに屈するな

ところが、戦後七十年がたってなお、中国と韓国が「歴史認識」を持ち出し、戦争責任をめぐって日本を非難し続けている。こうした批難が許されるのなら、インドもインドネシアも、自国を植民地にしたイギリスに文句を言えばよい。ベトナムはかつてフランスの植民地だったから、フランスにイチャモンをつければよい。日本にしても、ペリー提督率いる黒船が来航し、脅され、無理やり開国させられたんだから、

「どうしてくれる」

とゴネてもバチは当たるまい。大国と呼ばれる国は、どこも批難の対象になるはずなのだ。

だから、日本にも言い分はある。

「冗談じゃない」

という思いもあれば、言いたいことも山ほどある。したがって政治家の責務は、日本の未来に資するよう、韓国や中国のイチャモンに対してきちんと反論し、世界に向けてメッセージを発信していくことにある。

ところが、その逆をやって、足を引っ張る政治家もいる。

安倍総理が「総理談話」を発表する二日前のこと。韓国を訪問中だった鳩山由紀夫元総理がソウル市内にある西大門刑務所跡地を訪れた。ここは日本が朝鮮半島を統治していた時代、政治犯が収容されていたところで、韓国では独立運動弾圧の象徴とされているそうだ。追悼碑に献花するのは儀礼であるとしても、靴を脱いで膝を折り、

手をついて土下座謝罪までして見せたのである。

そして、記者会見でこう語った。

「本日、元総理大臣として、また、一人の日本人として、もとより、一人の人間として、西大門刑務所を訪れて、日本が貴国を植民地統治していた時代に、独立運動、万歳運動で大変尽力をされた柳寛順さんをはじめ、多くの皆様方をここに収容して、拷問という大変ひどい刑をあたえ多くの命まで奪ってしまったという事実を、この場で思い出して心から申し訳ない、おわびの気持ちをまず捧げてまいりたいと思います」

土下座という異様な写真が世界に配信された。各国の人々は、元総理が日本を代表して心から悔い、お詫びをしていると受け取ったことだろう。日本がそれほどに自国の非を認めているとなれば、国際世論は当然、中国、韓国の日本非難は正当だと思ってしまうに違いない。

立場を忘れた言動を持って「売国奴」と呼ぶ

個人として信念があるというなら、それはそれでよしとする。思想信条は個人の自由とするところで、それに対して非難する権利は誰にもない。

だが、自分の言動がどれだけ国益を損ね、日本の足枷を締めつけることになっているかに思いが至らないとするなら、「売国奴」と非難されても仕方があるまい。

「開いた口が塞がらないとしか言えません」

と、「ヒゲの隊長」こと自民党の佐藤正久参議院議員が嘆けば、一方の韓国メディアは土下座写真を掲載して、

「日本の元首相が独立運動関連施設でひざまずいたのは今回が初めて」

「十一回も頭を下げた」

と大きく報じ、世論は沸き立った。

鳩山氏は周知のように総理在任中、沖縄普天間飛行場の移設に関して、

「最低でも県外」

と言い切った。

これによって辺野古移設が暗礁に乗り上げ、今日の混迷を招いている。辺野古移設の是非とは別に、大ミエを切った〝鳩山発言〟がなければ、この問題も様相が変わっていることだろう。

男の言動というものは、「自分はどういう立場にあるか」ということを念頭に置い

てなされるべきだと思う。憎まれても言わなければならない立場のときもあれば、絶対に言ってはならない立場のときもある。そう考えたとき、目算もないのに基地の県外移設を口にしたり、日本を非難し続ける隣国へ出かけて行って土下座するのは、元総理たる者のとるべき態度だろうか。個人の考えはどうあれ、立場を忘れた言動をもって「売国奴」と呼ぶのだ。

スポーツの世界大会で「ニッポンコール」を耳にするたびに、愛国心という言葉が脳裏をよぎる。「ニッポンコール」が〝ファッション〟のレベルであってはいけない。そろそろ日本のメディアも国民も、愛国心について真摯に考えるべきときがきたように思う。祖国を愛する心なくして、品位など語れるはずがないのだ。

「平和」をお題目にして煽る、口舌の徒に成り下がってはならない

口先だけでは平和は守れない

「平和」を声高に主張する人がいる。

「戦争反対」を叫んでデモをする人もいる。

平和は誰もが望んでいるし、戦争に行きたい人間は一人もいないだろう。軍需産業の連中にしても、ビジネスとしての戦争は歓迎でも、自分が一介の兵士になって武器を持って戦うとなれば、断固反対を叫ぶことだろう。

だから「平和」を願うのは当たり前なのだ。アメリカも、ロシアも、中国も、EUも南米もアフリカも、混乱のシリア、パレスチナ、さらに北朝鮮の国民も平和を願っている。ところが、有史以前の昔から戦争は絶えない。主義主張を超えてこの現実を直視すれば、人類の歴史は侵略と、それを阻止する戦いの歴史ということがよくわか

るんじゃないかな。

つまり、どんな理想を口にしようとも、他国の侵略から祖国を守ることでしか、平和の実現も、維持もできないということなのである。

ならば、どうやって平和を守っていくか――。国民が考えるべきはこの一点であり、その答えを真摯に求める努力をせずして、お題目のように平和を唱えるのは、結局は〝お囃子《はやし》〟のようなものだ。

安全保障関連法案（安保法案）が二〇一五年に可決した。とは言っても、何がどうなっているのか、実のところ、よくわからない。俺だけじゃなく、国民に理解できていないことについては、メディアも識者も、当の自民党からさえも批判の声が出たほどだから、わからなくて当たり前。ただ一つ言えることは、安保法案の成立によって「自主防衛力」が一段と強まったということだろう。

だから、法案に反対する人や政党は「戦争法案」と呼び、

「子供を戦争にやってはならない！」

とデモを繰り返した。

誰しもわが子を戦場に送り出したいと思う親はいない。戦争の悲惨さについては、

南方の島々で玉砕した将兵や、多数の民間人を犠牲にした沖縄戦、広島・長崎の原爆投下を持ち出すまでもないだろう。終戦で特攻隊から復員した俺が見た東京は、一面焼け野原。ボロ服を着た子供たちが進駐軍（占領軍）のあとを追っかけ、「ギブ・ミー・チョコレート」とカタコトの英語でねだった。飢えの時代。食べるものがなく、国民はイモの蔓《つる》まで食べた。闇米を拒否して餓死した判事もいた。戦争の悲惨さは、俺自身が体験としてよく知っている。

だから戦争は断固反対だし、若者を戦場に送り出すようなことがあってはならないと思う。

手をこまねいていては先へ進めない

ならば、平和をどうやって守っていけばいいのか。

人類の歴史は侵略と、それを阻止する戦いの歴史であることは、すでに述べた。他国の侵略から祖国を守ることでしか平和は維持できないということは、厳然たる事実である。

チンピラに小突かれて、

「私はケンカしてはいけないことになっています」

と言って通用するだろうか。

財布を盗られて、

「お願いですから返してください」

と懇願するバカがどこにいる。

力なき者は、家のなか土足で侵入されようとも、

「そんなことしないでください」

と、及び腰で口をとがらせるしかない。

それと同じで、日本は平和なんじゃない。アメリカの子分になり、基地負担金という上納金を払って守ってもらっているだけだ。しかも、他国の横暴に対して、自国と自国民を守るためのアクションを起こそうとはしない。平和なのではなく、ケンカを避けているだけなのである。

尖閣諸島の日本領海に中国漁船が侵入し、海上保安庁の巡視船に体当たりした事件は記憶に新しい。日本政府は断固たる態度を取るどころか、中国の顔色をうかがい、逮捕した船長をさっさと帰国させしまった。これに対して、政府の弱腰を批難するデ

モ一つ起こらなかったのはどういうことだろうか。

北朝鮮に同胞が拉致されているのに、日本政府は手をこまねいているばかりだ。小笠原に中国からサンゴ密漁船が大挙して押しかけたときもそうだ。日本政府が中国政府に抗議すると、「そんなの知らん」と一蹴されて終わり。わが家の庭に侵入して勝手に植木を抜いていくようなもので、泥棒と同じだ。中国政府はこのことに関与しないと言ったのだから、木刀で叩き出せばいいのだ。

憲法も自分の国も自分たちの手で守る

「平和主義者」は、何かというと日本国憲法を持ち出す。戦争も軍備も放棄したこの憲法によって、日本は平和でいられるという。言うまでもなく、日本国憲法は戦争で負けた日本が戦勝国のアメリカから押しつけられたものだ。憲法は国家の大本であり、国民が自らの手で制定すべきもので、他国に強要されるものであってはならないにもかかわらず、進歩的文化人と称する連中は、アメリカ製のこの憲法こそ理想であると賞賛した。

押しつけられたものであっても、確かに日本国憲法は素晴らしいと思う。憲法九条に一切の戦争を放棄すると明文化されているのだから、これ以上の理想はない。だけど、日本国憲法がそれほど素晴らしいものであるなら、どうしてアメリカは自分たちの憲法にしないのだろう。

たとえて言うなら、

「この料理はおいしいよ」

と勧めておいて、自分は食べないのと同じではないか。

そこで、平和憲法のカラクリが見えてくる。「戦争放棄」を明文化したのは、平和を目指したのではなく、日本を二度と軍事国家にさせないという政治的な狙いによって押しつけたのである。

そうしておいて、

「そのかわりゼニと基地を提供しろ。日本はウチが守ってやる」

ということになったにすぎない。

結果はどうか。狙いはドンピシャリ。日本は、自分で自分の国を守るという気概までも失ってしまったのである。

こうした経緯と前提を抜きにして、

「ニッポンの平和を守ろう！」

と、口先だけのお題目を唱えることに、どれほどの意味があるのかと考えてしまうのである。

自分の国は自分たちの手で守る。これが「自主防衛」であり、世界の常識だ。だから、国益を守るために、国家は多額の予算を投入し、国民は汗も血も流す。アメリカ、アフガン、イラク、パレスチナ、イスラエル、インドネシア、チェチェン、ロシア、アイルランド……。地球のあらゆる場所で民族と国益をめぐる戦争や紛争が起きているなかで、ただ一国——日本だけがアメリカの傘の下で雨に濡れることもなく、ぬくぬくと経済成長を遂げてきた。

だが、独立国家として、それがこれからも許されるだろうか。

日米の利害が一致している限り、日本の安全は保証されるだろう。だが、昨日の敵が今日の友になり、今日の友が明日には敵になるのが国際政治だ。国益を守り、一国が生き抜いていくには、自分の国は自分で守るという気概と軍隊が不可欠になる。世界の多くの国に徴兵制度があるのが、そういう理由による。

日本の平和憲法を語るとき、よく引き合いに出されるのがスイスだ。スイスは永世中立国として知られているが、スイスに軍隊がないと思ったら大間違いで、軍隊があるのはもちろん、徴兵制度も敷かれている。一朝事あらば武力行使も辞さないという堅い信念と国防システムによって、中立を勝ち取っているのである。

平和は尊い。だけど、「自分が攻めなければ、相手も攻めてこないだろう」と考えるのは〝お人好し〟が過ぎる。相手国が攻めたくても攻めないようにさせる――平和とは、不断のこの努力のことを言う。「戦争反対！」というお題目だけでは、何も解決はしないのだ。

英霊に尊崇の念を払わずして、品位を語るなかれ

「慎み」を美徳として、これをもって「品位」とする

日本人は「自省」の国民かもしれないと思うときがある。

「七度尋ねて人を疑え」「人のふり見て我がふり直せ」——といった諺を持ち出すまでもなく、

「他人のことはともかく、自分はどうなんだ」

ということを処し方の第一義と考える。人を責めたり、批判したり、口角を飛ばして自己主張するのはみっともないとする「慎《つつし》みの文化」である。

たとえば、出会い頭にクルマ同士がぶつかったとする。

「大丈夫ですか」

と、お互いが相手を気づかう。「私がもっと気をつけていれば」という自省の思い

が無意識に働く。ご婦人であれば「すみません」と謝りの言葉を先に口にしたりもするだろう。事故処理の話し合いはそのあとのことだ。

西欧や韓国、中国の人たちはまったく違う。

「どこ見てるんだ！」

ぶつかるや、まず自己の正当性を主張する。どっちが悪いかわからない段階ですでに「悪いのはおまえだ」と決めつけ、交渉を有利に運ぼうとする。相手を気遣い、ひとことでも謝りの言葉を口にしようものなら、

「おまえは謝ったじゃないか」

とガンガン責めてくるというわけだ。

対人関係において日本人は、お互いがツノを突き合わせるのはみっともないという慎みから、一歩引き合い、緩衝地帯を設けるが、西欧や韓国、中国人はその反対で、お互いが一歩踏み込み、ぶつかり、どっちが相手を押し切るかを争う。

南シナ海に人工島を勝手につくって領海を主張する中国、解決済みの慰安婦問題を執拗に持ち出して延々と批難し続ける韓国、そして西欧はＥＵを見てわかるように、お互いが自己主張ばかりして話は容易にまとまらない。どっちがいいかを言っている

のではない。それが彼我の違いであり、俺たち日本人は「慎み」を美徳とし、これをもって「品位」とするということなのである。

戦後、アメリカの影響で、日本人も権利意識に目ざめ、自己主張をするようになってきた。だけど、義務を果たさずして自己主張することへの批判は、いまも根強いものがある。

「慎み」という日本人のＤＮＡは、時代によって曲折を経ながらも、脈々と現代に受け継がれているということになるだろう。

宴席を思い浮かべると、このことがよくわかる。みずから進んで上座に座る人間はあつかましいとされる。

「どうぞ、そちらへお座りください」

「いえいえ、あなたのほうこそ、どうぞ」

遠慮してお互いが上座を譲り合うのが日本人の品位だ。

電車やバスに乗るとき、中国人は並んで順番を待つことをせず、先を競って乗り込もうとする。日本人であれば、子供でも並んで順番を待つ。「人が先、我が後」という〝謙譲の処し方〟から見れば、我先に乗り込もうとする人間は、品位のカケラもないということになる。

生きながらえることも男の「価値」である

だが、この「品位」とする自省も、行きすぎれば変容することは心にとどめておく必要がある。美徳も転じれば自虐になってしまう。その最たる例が、先の大戦で尊い命を散らせた先人に対する批判である。

戦争批判をする人は気がついていないだろうが、戦争批判が、兵隊として戦って死んでいった人間に対する批判になってしまっている。

「日本は侵略戦争をした。悪いのは自分たちだ。近隣諸国に謝らなければならない」

という自省そのものにも問題はなしとしないが、それはひとまずおくとしても、看過できないのは、この自省が変容し、

「戦争した人間たちのせいで、自分たちは近隣諸国から白い眼で見られている」

という無自覚の批難になっていることだ。

このことは、靖国神社合祀の問題について考えみればわかる。「信教の自由」をめぐる論議に終始するばかりで、英霊に対する尊崇《そんすう》の念はない。近隣諸国に〝お詫び〟

ばかりして、日本のために死んでいった兵隊たちに対して、政府も国民も、どれだけ礼をつくしたのか。

兵隊は好きで出征したわけではない。

好きで戦死したわけではない。

好きで敵兵を殺したのでもない。

ひとたび戦争が始まった以上は、戦争の是非を超え、祖国と同胞と家族を守るために一命を捧げる覚悟で銃を取り、軍艦に乗り、飛行機に乗り、そして散っていったのだ。近所の床屋の親父さんも、八百屋の大将も、勤め人も学生さんも、兵隊に取られ、外地へと出征して不帰となった。

俺自身、予科練を経て、神奈川県横須賀にあった一〇九特攻隊——別名「伏龍隊」に志願して入隊した。潜水具をつけて海底に潜み、侵攻してくる敵艦に爆薬で攻撃をしかけるというものだ。本土決戦を睨んでの特攻隊であり、確実に死ぬ。それでもいいと俺は思っていた。不良少年をやり、好き勝手に生きてきた俺ですら、

「お国のために戦って立派に死のう」

と本気で腹をくくっていた。

だが、出撃の機会を得ないまま、広島と長崎への原爆投下で日本は降伏。本土決戦に至ることなく終戦を迎えた。混沌たる時代のなかでヤクザとなり、はからずもこうして生きながらえているが、英霊たちが散っていった思いは身にしみてわかるのだ。

過去があって現在がある。どう生きたかが大事だ

玉砕とは「玉と砕ける」の意味だ。

日本軍部隊の全滅を表現する言葉として、大本営発表などで用いられた。昭和十八年のアッツ島守備隊の玉砕をはじめ、サイパン、テニアン、グアム、ペリリュー、硫黄の各島など十四の島で玉砕している。また特攻隊の死者数は、陸海軍を合わせて一万四千九名。昭和十六年十二月八日の開戦から終戦までの三年八カ月のあいだに、祖国を守るために一命を捧げたわが戦友たちの数は死者百十七万四千四百七十四人、負傷者四百六十一万六千人を数える。

現代日本の繁栄は、英霊たちが流した血の上に築かれたものであることに思いを馳せるなら、戦争に対する自省とは別次元のものとして、先人に感謝と尊崇の念をいだくことに「品位」を見る。

歴史とはゴールのない駅伝競走のようなものだ。前走者のタスキを受け継いで、自分の時代を駆け抜けていく。前走者には足の速い者もいれば、遅い者もいる。コースを間違えるものだっているだろうし、転ぶ者だっている。その一つ一つをとらまえて批判するのは傲慢にすぎる。問われるべきは前走者の走りではなく、前走者が必死に駆けてきて手渡したタスキを受け取った自分が、どんな走りをするのか。この一点にかかっていると思うのである。

歴史も同様だ。すべての歴史を引き受け、これから自分は日本人としてどう処していくのか。過去があって現在がある。過去を否定して現在はあり得ない。このことに思い至らずして、

「日本の軍国主義が悪かった」

とノーテンキに批判し、人ごとのように語る人間は、およそ品位とはほど遠いだろう。反抗期の少年は、自分勝手な価値観で親を批判する。親がいなければ自分が存在していないにもかかわらず、そのことに思いが至らないからだ。無自覚な戦争批判は、無自覚な親批判と同質のものなのである。

日本は、いまも昔も素晴らしい国だ。

先の大戦で散っていった幾多の英霊たちは、美しい祖国と愛する同胞、家族を守るという使命感に尊い命を捧げた。先の戦争が日本の侵略戦争であったと批判する声はある。だが、英霊たちのこの純真な祖国愛は、歴史の審判とはまったく関わりのないものであることを忘れてはなるまい。

品位があると錯覚する大企業トップの傲慢さ

ブランドとは、所詮いいかげんなもの

社会的立場と「男の品位」は、まったく関係しない。

このことはハッキリと肝に銘じておくべきだと思う。大企業のトップであっても、男として品位に欠ける人間はいくらでもいるし、反対に額に汗して働く一介の労働者であろうとも、処し方において天に恥じず、男気に富んだ人間には品位が備わっているものだ。

これは社会の表裏や職業を問わない。ヤクザ親分だからと言って誰しも品位があるとは限らないし、駆け出しであっても、言動、所作に品位を感じ将来を予感させる若い者もいる。

ところが世間は、組織の規模や、その人間の肩書きで人格や信用を推し量る。その

裏返しとして、大企業であること自体を誇り、経営トップたちのなかには、あたかも自分たちはエリートだと、勘違いをして、人間としてエラくなったような錯覚に陥る男も出てくるというわけだ。

なぜ、そんなことを思ったかと言えば、いま社会問題になっている横浜市の傾斜マンションである。周知のように、同マンションは三井不動産レジデンシャルが販売したもので、施工が三井住友建設、杭打ち工事を旭化成建材が担当。傾斜の原因は、旭化成建材による〝杭打ち不正データ改竄〟によることが発覚した。

住民の一人が、

「三井ブランドを信頼して買ったのに裏切られた」

と無念の思いをテレビニュースで語っていたが、まさに問われるべき「品位」は信頼に対する裏切り行為である。

誰もが悪人と知る人間の不正より、善人という評判を隠れ蓑にした人間の不正のほうがはるかに悪質で、卑劣で、下品だ。前項で、フォルクスワーゲンの排気ガス不正ソフト問題について触れたが、ユーザーは同社を信頼して購入を決め、買っている。これが新興国の無名の自動車会社であれば、ユーザーが警戒しているため、不正はやりにくいだろう。信頼があるからこそ不正を働き、それが利益につながるというパラドックスなのだ。

もちろん、不正には、そこに至る理由がある。最初から騙そうというつもりはなく、結果としてそうなったのかもしれないし、単純に安易な気持ちであったかのもしれない。あるいは複合的な原因があったり、企業論理があったりもするだろう。門外漢の俺がとやかく言うことではないが、ひとつだけ言えるのは、たとえ寝耳に水のことであっても、ひとたび不正が発覚したなら、しかるべき立場の人間は誠意をもって謝り、責任を取ってこそ、男のあるべき姿ではないだろうか。

ところが、施工した三井住友建設も、杭打ちを担当した旭化成建材も、お互いが責任のなすり合いを演じている。三井住友建設は「元請け会社としての責任を重く受け止めている」と管理責任を認めつつも、旭化成建材の杭打ちデータ流用について、「非常に巧妙で分からなかった。管理を行う中での落ち度は必ずしもあったわけではない」

と言ったり、

「裏切られた」

と言ってみたりで、自分たちには落ち度がなかったことを強調する。

一方の旭化成側は、

「杭が固い地盤に届いている可能性がある」

として再調査を求めたが、

「やりたければ自分たちでやればいい」

と三井住友建設側は突き放す。

両社のコメントから感じるのは、自分たちの責任回避のことばかりで、不正に対する真摯な反省も、住民に対する誠意もない。不正を働いたのが中小企業であったなら、世間とメディアの大バッシングを受けていることだろう。「ウチが悪いわけじゃない」といったニュアンスのコメントに、大企業トップの傲慢が透けて見える。

「清貧」を貫く生き方に品位を見る

日本経済団体連合会の会長まで務めた人物に、故・土光敏夫氏がいる。経営トップとして謹厳実直な人柄と無私無欲の処し方は、上に立つ者の「あるべき姿」としていまも語り継がれる。

一九五〇（昭和二十五）年、土光氏は経営危機に陥った東京石川島造船所に社長として復帰し、合理化の断行によって再建を果たすが、ここで政財界を震撼させた造船疑獄事件に巻き込まれ、東京地検に逮捕・拘留されるのである。造船疑獄事件とは、海運・造船業界と政界が癒着した構造汚職だ。検察が取り調べた政官財界人は八千二百余名、逮捕者は百名を超えた。当時の吉田茂内閣が倒れる発端ともなり、歴史に特筆される一大疑獄であった。

四月の早朝のことだ。東京地検特捜部が土光氏の寝込みを襲うと、応対に出てきた夫人が、

「いま出かけたばかりですから、近くのバス停でバスを待っているかも知れません」

と告げる。

検事にしてみれば、「まさか――」である。これほどの大物財界人がハイヤーでも社有車でもなく、バスに電車を乗り継いで、横浜の鶴見から東京駅まで通勤しているというのだ。とりあえず検事がすぐさまバス停に駆けつけると、夫人の言うとおり、土光がバスを待っていた。このとき検事は「この人はやっていない」と直感したというエピソードが残っている。

一九七四（昭和四十九）年、土光氏は経団連第四代会長に就任。二期六年を務めたあと、鈴木善幸首相、中曽根康弘行政管理庁長官に請われて第二次臨時行政調査会長となるが、当時、ＮＨＫが『ＮＨＫ特集　85歳の執念 行革の顔 土光敏夫』というテレビ番組を放映した。このとき妻と二人きりでとる夕食のメニューがメザシに菜っ葉、味噌汁、玄米であったことから、「メザシの土光さん」と呼ばれるようになる。

行政改革に執念を燃やして「ミスター合理化」「荒法師」「行革の鬼」、さらに土光をもじって「怒号敏夫」などと呼ばれるのだが、それほどの男が清貧を貫く。こういう生き方を「男の清貧」と言うのではないだろうか。

ハイヤーを乗り回し、料亭で舌鼓を打ち、銀座を豪遊する大企業トップがいる一方で、三次以降の下請けに甘んじ、部品一つに細々と、しかしプロの誇りをもって命懸けで取り組んでいる零細企業の経営者もいる。

どっちがいいとか悪いとか、浅薄なことを言うつもりはない。経済界トップに立った土光氏も、誇りを持って部品一つの製造に命を懸ける零細企業トップも、「男の品位」において同質であり、

「社会的立場と男の品位は、まったく関係しない」

という冒頭の一文は、このことを言うのだ。

ひるがえって、俺たち自身はどうだろうか。品位において胸を張った生き方をしているだろうか。自戒の意味を込めて我が身に問うてみたい。

あとがき

品位というテーマで書くのは、いささかの躊躇があった。わがままで、ものぐさで、好き勝手に生きてきた俺は、品位とは対極の人間だと思うからだ。

だが品位という言葉に「男」という一文字を冠し、「男の品位」とすれば、俺にも語るべきことがあるのではないか。そう思って筆を執ったのが本書である。

一読すればわかるように、「男の品位」とは、言行の一致にして一念に殉じることを言う。つまり、「やる」と約束したことは命を取られてもやり抜く。「やらない」と言い切ったら、万金を積まれても微動だにしない。そして、事に臨んで弱音を吐かず、失敗したら無念の一語を呑みこんで潔く責任を取る。

これが「男の品位」だ。

したがって、社会の表裏は関係しない。ヤクザであれ、政治家であれ、実業家であれ、一介のサラリーマンであれ、問われるのは男としての処し方であって、社会的地位でも、権勢でも、財力でもない。

たとえ違法であろうとも、義理に殉じ、組のために身体を懸けるヤクザには「男の品位」がある。社会的な地位はいざ知らず、大企業のトップが私腹を肥やして天として恥じないとするなら、そんな男には品位の欠片《かけら》もない。選挙公約できれいごとを並べ、声を大にして訴えておきながら、当選したとたんに手のひらを返す政治家もいる。万言を以《もっ》て言い訳する〝変節漢〟なら、世間に掃いて捨てるほどいるだろう。偉そうなことを言える立場でないことは百も承知しつつ、齢九十歳にしてつらつらと世相を眺めていると、変節漢や口舌の徒、そして頬っかむりに自己正当化する輩《やから》があまりに多いように思えてならない。

俺はヤクザ組長もやったし、懲役にも行った。組を解散してからは俳優として、俳優をやめてからは映画プロデューサーとして、あるいは文筆に手を染めてきたが、やりたいことをやりたいようにやってきたに過ぎない。

だが、そんな俺でもただ一つ、男の生き方として「変節せず」を心に刻んで生きてきたという自負はある。価値観の多様化などともっともらしいことを世間では言うが、そうではない。「男の品位」は時代を超えて不変なのだ。そのことを本書で読みとっていただければ幸いである。

安藤昇

安藤昇　あんどうのぼる

1926年（大正15年）5月24日、東京生まれ。予科練、特攻隊をへて復員後、法政大学中退。昭和27年、渋谷を本拠地として安藤組を結成。昭和33年、横井英樹襲撃事件で服役。昭和39年、安藤組を解散後、映画俳優に転じて58本に主演し、人気俳優として一時代を築く。俳優を引退してからは映画プロデューサーのほか、作家、コメンテーターとして活躍している。『男の覚悟』『男の終い仕度』『九門家相術の極意』（いずれも青志社刊）ほか、『安藤昇の戦後ヤクザ史　昭和風雲録』（ベストブック）、『不埒三昧　わが下半身の昭和史』（祥伝社）など著書多数。平成27年12月16日、肺炎のため逝去。享年89歳。

装　幀　塚田男女雄（ツカダデザイン）
本文デザイン　加藤茂樹
編集協力　有限会社 拓人社

男の品位

発行日　2016年1月1日　第1刷発行
発行日　2021年8月2日　第3刷発行

著者　安藤昇

編集人
発行人　阿蘇品 蔵

発行所　株式会社青志社
〒107-0052 東京都港区赤坂 5-5-9 赤坂スバルビル6階
（編集・営業）Tel：03-5574-8511
Fax：03-5574-8512
http://www.seishisha.co.jp/

印刷
製本　中央精版印刷株式会社

 ISBN 978-4-86590-019-4 C0095